新时代智库出版的领跑者

U0552804

国家智库报告 2022（36）
National Think Tank

经 济

中国县域品牌
影响力报告（2021）：
推动共同富裕

主 编 刘彦平 吕风勇
副主编 何春晖 许 峰 赵 峥

CHINA COUNTY BRAND INFLUENCE REPORT(2021):
PROMOTING COMMON PROSPERITY

中国社会科学出版社

图书在版编目（CIP）数据

中国县域品牌影响力报告. 2021：推动共同富裕／刘彦平，吕风勇主编. —北京：中国社会科学出版社，2022.9

（国家智库报告）

ISBN 978 - 7 - 5227 - 0984 - 0

Ⅰ. ①中… Ⅱ. ①刘… ②吕…Ⅲ. ①县—品牌—影响—研究报告—中国—2021 Ⅳ. ①F279.23

中国版本图书馆 CIP 数据核字（2022）第 207263 号

出 版 人	赵剑英
项目统筹	王 茵 喻 苗
责任编辑	周 佳
责任校对	李 莉
责任印制	李寡寡

出　　版	中国社会科学出版社
社　　址	北京鼓楼西大街甲 158 号
邮　　编	100720
网　　址	http://www.csspw.cn
发 行 部	010 - 84083685
门 市 部	010 - 84029450
经　　销	新华书店及其他书店

印刷装订	北京君升印刷有限公司
版　　次	2022 年 9 月第 1 版
印　　次	2022 年 9 月第 1 次印刷

开　　本	787×1092　1/16
印　　张	10
字　　数	145 千字
定　　价	59.00 元

凡购买中国社会科学出版社图书，如有质量问题请与本社营销中心联系调换

电话：010 - 84083683

版权所有　侵权必究

中国县域品牌影响力报告
（2021）课题组

顾　　问　何德旭　倪鹏飞　汪同三　郭国庆　关成华
　　　　　　张英伟
数据支持　中国社会科学院中国县域经济竞争力指数数据库
　　　　　　中青华云大数据平台

研究合作　中国人民大学中国市场营销研究中心
　　　　　　首都科技发展战略研究院
　　　　　　浙江大学经济与文化研究中心
　　　　　　中青旅文旅产业发展有限公司

课题组组长　刘彦平　吕风勇
课题组副组长　许　峰　赵　峥　何春晖
核心成员　（排名不分先后）
　　　　　　许　峰　赵　峥　何春晖　张巍巍　吕风勇
　　　　　　刘　杨　高海洋　常宜禾　常皓媛　孙芊玥
　　　　　　刘彦平　王艳杰　李贵阳　张相宜　张　莹
　　　　　　路丽君　李　洁　沈凡佳　倪子晰

摘要：本书是国内首部县域品牌影响力专题研究报告。按照课题组提出的县域品牌影响力指数（Brand Influence Index of Counties，BIIC）概念及指数模型，本书选取中国 400 个县域样本进行了县域品牌影响力的评估与测量。在此基础上，形成 2021 年的中国县域品牌影响力指数总报告、县域文旅品牌影响力指数报告、县域创新品牌影响力指数报告、县域宜居品牌影响力指数报告、县域品牌传播影响力指数报告。

除上述指数研究外，本书还对 2021 年中国县域品牌的发展态势进行了回顾和展望，探讨了县域品牌建设推动共同富裕的关键路径以及面临的问题和挑战。此外，本书还结合昆山、义乌、乐清、曹县和都江堰等县域品牌化案例进行了研究和分析。基于数据分析、发展考察及案例研究，本书从多个角度对中国县域品牌建设与发展提出对策建议，致力于推进中国县域品牌建设的研究，并试图为中国县域品牌化实践提供有价值的理论指导与经验参考。

关键词：县域品牌；文旅品牌；创新品牌；宜居品牌；品牌传播

Abstract: Book report is the first research report on county brand influence in China. According to the concept and index model of brand influence index of counties (BIIC) proposed by the research group, this book selects 400 county samples in China to evaluate and measure county brand influence. On this basis, the 2021 China County Brand Influence Index Report, China County Cultural&Tourism Brand Influence Index Report, China County Innovative Brand Influence Index Report, China County Livable Brand Influence Index Report, and China County Brand Communication Influence Index Report are formed.

In addition to the above index research, this book also reviews and looks forward to the development of China's county brands, and discusses the potential path and challenges on promoting common prosperity through place branding. Furthermore, the book analyzes the branding cases of Kunshan, Yiwu, Yueqing, Changxing, Caoxian and Dujiangyan counties. Based on data analysis, development investigation and case studies, the book puts forward countermeasures and suggestions for the construction and development of county-level branding in China from multiple perspectives.

Key Words: county brand; cultural&tourism brand; innovative brand; livable brand; brand communication

目　　录

一　中国县域品牌影响力指数总报告（2021） ……………（1）

（一）关于县域经济与县域品牌的文献回顾 ……………（1）

（二）关于县域品牌影响力的指数构建与评估方法 ………（8）

（三）中国县域品牌影响力2021：总体态势 …………（15）

（四）中国县域品牌影响力2021：研究发现与分析 ……（24）

（五）中国县域品牌影响力2021：进展与挑战 …………（26）

（六）加强中国县域品牌建设：展望与建议 ……………（31）

二　县域文旅品牌影响力指数报告（2021） …………（36）

（一）总体发展情况分析 ………………………………（37）

（二）数据聚焦发现 ……………………………………（40）

（三）县域文旅品牌影响力头部阵营点评 ………………（46）

（四）县域文旅品牌发展的问题与挑战 …………………（48）

（五）县域文旅发展路径与展望 …………………………（49）

三　县域创新品牌影响力指数报告（2021） …………（52）

（一）总体发展情况分析 ………………………………（52）

（二）数据聚焦发现 ……………………………………（57）

（三）县域创新品牌影响力头部阵营点评 ………………（59）

（四）县域创新发展对策与建议 …………………………（61）

2　国家智库报告

四　县域宜居品牌影响力指数报告（2021）……………（63）
（一）总体发展情况分析　…………………………（64）
（二）数据聚焦发现　………………………………（70）
（三）县域宜居品牌影响力头部阵营点评　………（74）
（四）中国县域宜居品牌发展的挑战与建议　……（78）

五　县域品牌传播影响力指数报告（2021）…………（82）
（一）总体发展情况分析　…………………………（83）
（二）区域发展特征　………………………………（85）
（三）数字聚焦发现　………………………………（89）
（四）县域品牌传播影响力头部阵营点评　………（92）
（五）县域品牌传播的问题与挑战　………………（97）
（六）县域品牌传播的对策与建议　………………（99）

六　典型案例分析……………………………………（102）
（一）基于产业集群品牌战略的义乌经验…………（102）
（二）乐清市农产品公共区域品牌建设经验　……（107）
（三）另辟蹊径，农用品牌助力长兴发展…………（111）
（四）互联网思维助力曹县"网红"之路…………（119）
（五）四面开花，最强昆山…………………………（123）
（六）依托自然旅游资源打造文旅休闲之都——
　　　都江堰　………………………………………（129）

附录　2021年100强县域的县域品牌影响力
　　指数得分……………………………………………（139）

参考文献…………………………………………………（143）

后　记……………………………………………………（146）

一　中国县域品牌影响力指数总报告（2021）

（一）关于县域经济与县域品牌的文献回顾

1. 县域经济与县域发展

近年来，中国高度重视经济社会的协调发展，县域作为中国的重要组成部分，逐渐成为中国经济越来越活跃的区域，是中国经济的基础，在未来很可能具有较大的发展空间（崔光野等，2020）。由此，县域经济的发展引起了许多学者的关注，他们对县域经济的发展现状及发展的未来前景展开研究。县域经济在中国有着十分重要的作用，它作为国民经济的基础单元之一，是城市经济和农村经济的关键衔接点，同时也是由多种经济形式组成的区域性经济，在农村经济的发展中充当着非常重要的角色，它的发展程度能够直接反映出城市经济辐射带动作用的强弱和农村的经济状况（支绍岭等，2015）。在当今中国经济增长方式逐渐转变、追求城乡统筹协调发展、努力建成和谐社会的发展背景下，县域日益成为创新驱动经济高质量发展的焦点（张旭等，2021）。县域发展并不只是包括起决定作用的经济发展，还包括县域就业、县域治理、县域文化等的发展。但是县域的发展过程中仍出现了许多问题，例如，城乡生产消费流通不畅是县域发展的痛点。针对这一问题，2021 年 5 月 25

日，中国人民大学国家发展与战略研究院联合抖音举办了"短视频、直播与县域经济发展"论坛，并发布《短视频、直播助力新型县域经济发展研究报告》，阐述了短视频和直播平台对县域经济创新发展的服务和催化作用。中国人民大学公共管理学院教授马亮指出，抖音等短视频、直播产品为县域经济发展提供的"界面"，是县域经济朝着产业化、融合化方向创新发展的基础（郭倩，2021）。

2．县域品牌与县域发展

在完成全面建成小康社会、全面打赢脱贫攻坚战的过程中，大力发展县域经济起了决定性的作用。在当前中国的发展阶段，要全面建成社会主义现代化强国无疑还需进一步推动县域振兴，而培育县域特色品牌、发展县域品牌经济就是一个有效路径、有力抓手。品牌的重要性不容小觑，它是市场主体使命、愿景、价值观在视觉上的呈现，品牌中蕴含的开拓创新、诚实守信等经营理念，也是巩固供需紧密相连的精神力量（徐清子，2021）。近年来，中国采取了许多促进县域品牌发展的举措。从2013年起，为了培育出更多优秀的中国品牌，中国品牌建设促进会联合相关单位连续7年发布中国品牌价值评价，把培养一批具有竞争力的地理标志产品县域品牌作为工作重点（柯仲甲，2019）。历经五载的中国品牌日活动，为众多县域品牌提供了展示新形象的空间和机会，也为广大消费者创造了一场感知品牌新成果的嘉年华（徐清子，2021）。由于农业在中国县域经济中占有重要地位，发展县域特色农产品、建设农业地标品牌在县域品牌的发展中起着十分重要的作用。县域特色农业发展的实质就是县域特色农产品的发展。县域特色农产品的发展需要有区位优势、规模优势、品牌优势以及市场竞争力（江丽，2016）。当前，中国农产品市场的情况发生了变化，已经由卖方市场逐渐转变成为买方市场，农产品的市场竞争日趋激烈。面对市场需求的升级以及市场竞争的增强，中国农产品必须注重品牌的建立、传播与发展，对县域特色农产品实施品牌经营战略，可见建设县域品牌是必要之举。中国的农产品市场已经形成了一些具有良好形象的县域特色农产品品牌，例如，"平谷大桃""恒泰芒果""好想你"等（张正河，2017）。

县域品牌不仅担负起优化供给、扩大需求、推动经济转向高质量发展的重任，也在助力传承传统工艺、弘扬工匠精神方面发挥重要作用。同时，其对县域地区的旅游业的带动作用也日益增强（徐清子，2021）。例如，学者对广西特色小镇展开研究，发现了特色小镇是在中国新型城镇化发展过程中呈现出的全新现象，发展县域特色品牌、推动特色小镇的建设，是当地脱贫工作的重要切入点（李燕等，2019）。还有学者对当前边境地区县域旅游进行研究，发现了县域旅游目的地品牌形象的构建方面仍存在不足的问题，由此提出了边境县域应该重点关注旅游基础设施的完善、旅游大数据平台的构建、实现县域产业融合等方面的建议，旨在树立县域旅游目的地品牌形象以带动当地经济发展（刘力钢等，2019）。

一个区域拥有良好的品牌形象，有利于推动区域内的产品和资源向外扩散并吸引各种资源的流入。区域品牌理论在不断地发展，其发展大体可以划分为三个阶段——起源、深化和拓宽（Hankinson，2010）。在品牌强国战略驱动下，县域品牌的发展前景一片光明。在新发展格局下，要想更好的发展县域品牌，就需要政府强化质量管理、标准建设和品牌保护责任，坚持创新驱动发展战略，推进科技创新与商业模式的不断创新，探索以县域品牌为纽带整合全域生产、流通、销售全过程的模式，加快打造一批具有创新能力及自主知识产权的高端品牌，帮助县域品牌提升其知名度、美誉度和竞争力（袁保瑚等，2021）。要注重发挥特色经济，实现一县一品。充分发挥农民的创造性，通过打造土特产品、发扬文化特色等方式形成县域特色品牌，充分利用科技，借助互联网为县域品牌开拓市场（崔光野等，2020）。提升县域品牌价值，还需要提高县域产品销售力和县域品牌传播力（柯仲甲，2019）。县域品牌传播力的加强离不开电商在县域地区的发展，推进传统产业向电子商务链条的转化是十分必要的（王滢等，2017）。

3. 公用品牌、地理标志品牌、原产地品牌和网红县

2017 年中央一号文件明确提出，推进区域农产品公用品牌建设，支持地方以优势企业和行业协会为依托打造区域特色品牌，引入现代要素改造提升传统名优品牌。与此同时，国家农业部把 2017 年正式确定为"农业品牌推进年"，其中重点是农产品区域公用品牌建设。在中央和各级地方政府的鼓励支持下，公用品牌的建设正在实践中不断得到发展和完善（兰勇等，2019）。公用品牌和普通的企业品牌、产品品牌存在不同，公用品牌具有其他品牌所不具备的优势，它是基于某一地区独特的自然生态条件或历史人文条件形成的品牌，通常为农产品区域公用品牌，一般采用具有一定县域地区差异性的农产品为识别名称和符号，多以"地区名 + 品类名"命名，例如盘锦大米、烟台苹果、西湖龙井等。独特的地域特点使公用品牌容易获得人们的信任，并且能够充分表达和传递农产品的优点，从而提升当地的知名度和美誉度，带动当地产业的发展。因此，塑造优秀的公用品牌，是促进县域经济发展的有效引擎。但是，公用品牌同样存在着一定的问题，例如，由于农产品区域公用品牌由相关组织所有，许多农业生产经营者共同使用，所以存在管理者与使用者分离的状况，政府部门的管理难度较大（杨肖丽等，2020）。有国外学者在将公用品牌和普通企业品牌对比分析后，得出政府在品牌建设中具有重要的作用，通常发挥着领导作用（George，2007）。公用品牌在社会中是一项系统工程，需要政府、行业协会、企业等主体共同努力。政府要完善相关

政策，加强和行业协会、企业的联系，建成全方位多层次的区域公用品牌支撑体系，并且加强对品牌的监管，严厉打击假冒伪劣行为（瞿康洁等，2021）。

国内现有的关于地理标志品牌的研究同样是以农业地理标志品牌为主。建设农业地理标志品牌，是推进农业供给侧结构性改革的有效路径，有利于提升农业质量效益和竞争力，是推进现代化农业建设的必要之举。如今，许多县域都在广泛开展农业地理标志品牌创建活动，加强农业地理标志产品的分类管理，强化地理标志产品开发保护，着力推进农业品牌化经营等（郑宝华等，2017）。对于使用和发展地理标志品牌的意愿问题，有学者通过模型推演与分析得出农业企业使用地理标志品牌意愿的影响因素，包括原产地自然资源丰富程度、产品质量技术规范水平、在行业中的相对品牌地位等。提升地理标志品牌的使用意愿，需要提升地理标志产品的特色。政府引领构建地理标志品牌战略，开发地理标志产品核心技术，对积极参与地理标志品牌建设的企业给予一定的奖励，可以促进地理标志品牌的发展（谌飞龙等，2021）。

当前，中国地理标志品牌发展仍存在不足，例如，品类命名方面的不足。为了适应当今社会消费的发展趋势、弥补品牌发展的不足，中国地理标志品牌需要改变从产品功效来塑造品牌的传统方法，逐渐向注重从非功能属性尤其是文化内涵的角度来塑造品牌的新型方法转变。赋予品牌名称以优秀的文化内涵，推出具有文化底蕴的优质产品，促进地理标志品牌更好地适应时代的发展（何清，2016）。

许多品牌之所以能形成较强的独特性和市场竞争力，是因为消费者对品牌原产地的信念和认同起到了重要的影响作用。在消费过程中，消费者对品牌直接的认知离不开品牌原产地这一要素。一般而言，品牌的原产地信息往往和品牌的渠道、授权、代言人以及第三方资源等并列，对消费者的品牌偏好和品牌联想一起发挥着重要的影响作用（刘灵，2017）。原产地品牌通常是以特定区域的特产为依据，以地理框架下的产品或服务为基础形成的公共品牌，其识别对象是区域内企业所生产的全部产品或服务的组合。原产地品牌有着自身的优势与劣势。优势是能够给区域内的企业带来超额利润，吸引区域外的厂商进入，从而扩大原产地品牌的规模，形成相应的产业聚集，提升原产地品牌的知名度和市场竞争力。但是，原产地品牌同样面临公共品牌的共性问题，例如，部分产品品牌发生降低产品质量等行为损害了原产地品牌的形象，导致相应原产地美誉度下降，不利于原产地品牌的发展（王兴元等，2017）。

随着当今科技的发展以及交通等基础设施的日益完善，许多"网红县"应运而生。例如，有学者对四川省甘孜藏族自治州东部的丹巴县进行考察发现，丹巴县凭借着优质的自然资源，从当地特色入手，充分利用新媒体宣传等创新方式，成了网友关注的"网红县"。这不仅促进了当地特色旅游业的发展，获得了"全省旅游强县"的招牌，而且带动了当地县域经济的发展（祝箫等，2019）。

4．关于共同富裕

共同富裕是消除两极分化和贫穷基础上的普遍富裕，是社会主义的本质要求，是中国式现代化的重要特征，也是中国社会主义的根本原则。古人云："民富国强，众安道泰。"自党的十八大以来，党中央时刻把握发展阶段的新变化，把逐步实现全体人民共同富裕摆在更加重要的位置上，推动区域协调发展，打赢脱贫攻坚战，为促进共同富裕创造了良好的条件。习近平总书记提出，进入新发展阶段，完整、准确、全面贯彻新发展理念，必须更加注重共同富裕问题。共享是中国特色社会主义的本质要求，必须坚持发展为了人民、发展依靠人民、发展成果由人民共享（习近平，2021）。脱贫攻坚战于 2021 年取得了全面胜利，标志着中国共产党在团结带领人民创造美好生活、实现共同富裕的道路上迈出了坚实的一大步（汪晓东等，2021）。在中国经济进入新发展阶段，追求高质量发展后，促进共同富裕是贯彻新发展理念、构建新发展格局的必然要求。共同富裕与新发展理念尤其是其中的协调和共享有着密不可分的关系。协调是共同富裕的外在表现，主要包括城乡协调、区域协调和行业协调，而共享是共同富裕的内在要求（余淼杰等，2021）。共同富裕是一项系统的工程，它具有长期性、艰巨性、复杂性等特征，共同富裕绝不是平均主义，需要分阶段去促使其实现（张娜等，2021）。

作为国民经济发展和统筹城乡经济社会发展的基本单元，县域既是实现共同富裕的难点，也是实现共同富裕的关键点（魏董华等，2021）。要想推进县域共同富裕，就需要实现城乡高质量发展、高品质生活。农业是县域经济发展中非常重要的部分，推进县域共同富裕，需要县域顺应农业生态化、精品化、数字化的趋势，因地制宜的发展"生态＋品牌＋智慧"模式的现代化农业。注重县域品牌建设，依托特色资源打造特色农产品供应地、现代生态农业品质体验地、休闲农业与乡村旅游目的地等，加强美丽农业品牌建设，提升农产品质量安全监管力度，形成品牌化营销的农业发展新格局（朱李鸣，2021）。在县域经济不断发展的今天，许多县域都为促进共同富裕付诸行动。浙江省以先行先试为全国促进共同富裕的实现探路，努力打造县域特色品牌，让生态变成业态，让农业产区变成景区，让农产品变成商品，用品牌提升产品附加值，赋能共同富裕（顾雅青，2021）。例如，位于浙江省金华市的磐安县，近 20 年从一个"九山半水半分田"的山区县变为了"绿水青山展笑颜"的生态旅游县。磐安县重视生态旅游品牌建设，按照因地制宜的原则，逐步形成了"一镇一特色""一村一品"的乡村旅游发展模式，努力将本县打造成为共同富裕的示范点。浙江省丽水市于2019年启动乡村旅游区域公用品牌"丽水山景",参照旅游景区等相关标准,结合当地的各方面实际情况,编制出"乡村旅游品牌认定标准",对"丽水山景"品牌实行入驻认证,实施特色文化传播以及品牌营销等的标准化管理。而且当地从1981年春节起,便逐渐形成了一县一特色的"乡村春晚"品牌,真正做到了政府搭台、文化唱戏、乡村受益、百姓增收,这无疑为实现共同富裕做出了努力(顾雅青,2021)。又如,隶属浙江省温州市的苍南县,着力推进当地的基础设施建设、民生事业发展,努力打造"学在苍南""医在苍南""暖心苍南""文化苍南""文明苍南"等民生品牌,并深化落实品牌强农的战略,打造"苍农一品"农产品区域公用品牌以及"浙南看一看、苍南第一站"特色旅游品牌,促进共同富裕的发展(陈永光,2021)。

然而,实现全体人民的共同富裕依然任重道远。习近平总书记指出,全体人民共同富裕是一个总体概念,是对全社会而言的,要从全局上来看。不同人群不仅实现富裕的程度有高有低,时间上也会有先有后,不同地区富裕程度还会存在一定差异。共同富裕因而也是一个在动态中向前发展的过程,要持续推动,不断取得成效(汪晓东等,2021)。县域作为共同富裕的主战场,进入新发展时期,将通过进一步借助数字经济,推动传统县域产业完成数字化转型,实现县域经济的跨越式发展和县域的共同富裕(王晓涛,2021)。

(二)关于县域品牌影响力的 指数构建与评估方法

1. 关于县域品牌影响力指数的设计

地区品牌是一个地区最重要的无形资产,是地区竞争力、软实力核心表征。在城市营销与品牌化研究和实践渐趋成熟的背景下,县域品牌建设也逐渐开始成为社会各界关注的新热点点。近年来围绕县域文化、旅游和特色经济发展等方面的"网红"现象频频涌现。县域品牌建设是推动县域新型城镇化与城乡融合的重要战略路径，是引领县域经济高质量发展、促进乡村振兴和实现共同富裕的重要抓手。2021年，新冠肺炎疫情进入常态化防控管理，各地区经济社会发展稳步复苏，县域品牌化热潮也持续升级并正式进入大众视野。在上述文献回顾的基础上，本书结合城市品牌影响力指数（CBII）设计，对县域品牌的关键要素进行了梳理和剖析，尝试构建符合中国实际的县域品牌影响力评价体系。县域品牌影响力指数（Brand Influence Index of Counties，BIIC）包括文旅品牌影响力、创新品牌影响力、宜居品牌影响力和品牌传播影响力四大维度，各维度又分别包含若干二级指标和三级指标（见表1-1）。进行县域品牌影响力指数测评的目的，是为深入了解中国县域品牌的发展态势和存在问题，进而为探索县域品牌高质量发展及助力迈向共同富裕提供理论和数据的支撑。

2．指数评估方法

数据来源：指标测算的全部数据均来源于国家统计局、各省统计局及相关市县统计公报、中国社会科学院县域经济竞争力报告课题组数据库2021年数据，以及百度、谷歌、中青华云大数据等平台2021年前三季度的数据。其中，中青华云大数据的爬虫、数据框是全量数据，数据维度为论坛、新闻、博客、微博、微信、纸媒、APP、问答和视频9个维度之精准匹配数据（凡标明"全网数据量"的数据项均为上述维度的数据汇总），截取时段为2021年1月1日至8月30日。

样本选择：中国县域品牌影响力指数（BIIC）2021年的考察样本按GDP规模、财政收入规模、规模以上企业数量及区域代表性等，甄选了400个县域作为指数实证研究的样本。400个样本在全国和区域的县域经济社会发展方面具备一定的领先地

表1-1　县域品牌影响力指数指标体系

一级指标	二级指标	三级指标	指标衡量方法
R1 县域文旅品牌影响力指数（25分）	R1.1 文旅特色	R1.1.1 文化特色	世界文化遗产（每个20分） 国家级非物质文化遗产（每个5分） 省级非物质文化遗产（每个1分）
		R1.1.2 舆论关注度	地区名百度关注指数
		R1.1.3 独特性感知	"地区名+独特"纸媒及全网数据量
	R1.2 文旅活力	R1.2.1 文化声望	"地区名+文化"纸媒及全网数据量
		R1.2.2 友善气质	"地区名+友善"纸媒及全网数据量
		R1.2.3 "潮能力"	"地区名+网红"纸媒及全网数据量
	R1.3 旅游吸引力	R1.3.1 旅游吸引物	5A景区数（20分） 4A景区数（5分） 3A景区（1分）
		R1.3.2 美景美食	"地区名+美丽""地区名+美食"纸媒及全网数据量
		R1.3.3 全域旅游	是否全国全域旅游示范区（首批20分，第二批15分）
	R1.4 文旅形象传播	R1.4.1 文化形象传播	"地区名+文化"纸媒报道及全网发文量
		R1.4.2 旅游形象传播	"地区名+旅游"纸媒报道及全网发文量

续表

一级指标	二级指标	三级指标	指标衡量方法
R2 县域创新品牌影响力指数（30分）	R2.1 经济基础	R2.1.1 经济规模	GDP（亿元），人均 GDP（元）
		R2.1.2 财政能力	地方公共财政收入（万元），人均地方公共财政收入（元）
		R2.1.3 政府治理	"地区名+数字治理""地区名+持续增长""地区名+韧性""地区名+安全网"纸媒及全网数据量
	R2.2 创新活力	R2.2.1 载体质量	国家级经济或高新技术开发区（每个5分），省级高新区（每个2分）
		R2.2.2 市场活力	城镇居民人均可支配收入增长率（%），农民可支配收入增长率（%），GDP增长率，社会消费品零售总额，消费占GDP比重
		R2.2.3 产业质量	第三产业增加值占GDP比重，第一产业增加值占GDP（逆），百亿GDP专利申请量，发明专利申请量占GDP比
	R2.3 创新潜力	R2.3.1 金融资源	城乡居民储蓄额，人均居民储蓄额，居民储蓄占GDP比重，金融机构贷款占GDP比重
		R2.3.2 创新绩效	专利申请量（个），发明专利（个）
		R2.3.3 平台与设施	众创空间数（个），孵化器数（个）
	R2.4 创新发展声望	R2.4.1 创新创业口碑	"地区名+创新创业""地区名+投资""地区名+营商环境"纸媒及全网数据量
		R2.4.2 营商环境声望	"地区名+营商环境""地区名+信心"纸媒及全网数据量

续表

一级指标	二级指标	三级指标	指标衡量方法
R3 县域宜居品牌影响力指数（25分）	R3.1 宜居基础	R3.1.1 居民收入	城镇居民人均可支配收入（元），农民人均可支配收入（元）
		R3.1.2 基础设施	百公里内机场吞吐流量，境内高速公路数目，25公里内火车站车次
		R3.1.3 宜居口碑	"地区名+宜居"纸媒及全网数据量
	R3.2 社会活力	R3.2.1 人才吸引力	众创空间当年举办创新创业活动人数（人）；众创空间常驻创业团队数（个）
		R3.2.2 创新氛围	孵化器当年举办创新创业活动数量（场次）
		R3.2.3 活力口碑	"地区名+活力"纸媒及全网数据量
	R3.3 民生质量	R3.3.1 教育和医疗	小学在校生占常住人口的比重，中学在校生占常住人口的比重；千人医院床位数（个）
		R3.3.2 社会保障	千人福利床位数（个），城镇低保支出，农村低保支出
		R3.3.3 生活品质口碑	"地区名+生活品质"纸媒及全网数据量
	R3.4 生态环境	R3.4.1 环境质量	建成区绿化覆盖率（%）
		R3.4.2 生态保护	全境森林（植被）覆盖率（%）
		R3.4.3 绿色生态口碑	"地区名+绿色""地区名+生态"纸媒及全网数据量

续表

一级指标	二级指标	三级指标	指标衡量方法
R4 县域品牌传播影响力指数（20分）	R4.1 地区知名度	R4.1.1 国内知名度	地区名百度新闻搜索信息数量
		R4.1.2 国际知名度	地区英文名称Google新闻搜索信息量
	R4.2 地区关注度	R4.2.1 网络关注度	地区名百度指数
		R4.2.2 研究关注度	地区名知网期刊论文数量（篇）
	R4.3 形象IP传播	R4.3.1 地理标志品牌	"地区名+地理标志"纸媒及全网数据量
		R4.3.2 IP生态	"地区名+IP"纸媒及全网数据量
	R4.4 居民满意度	R4.4.1 幸福口碑	"地区名+幸福"纸媒及全网数据量
		R4.4.2 和谐口碑	"地区名+和谐"纸媒及全网数据量

位，应该作为推动共同富裕的先行和示范地区加以研究。

计算方法：统一评估流程和数据处理方法可以在相当程度上保证结果的可用性，便于结果进行横向和纵向的比较，从而保持县域品牌发展评估的持续性和稳定性。因此，本报告评估体系的指标测算秉承科学性和标准化的原则，严格按照指标评估体系的特点选择评估方法。

关于逆向指标处理。综合评价指标体系中经常会出现逆向指标，在本报告中，不同性质指标对城市品牌的作用力不同，无法通过直接合成来反映综合结果。因此，要考虑改变逆指标的数据性质，对其进行正向化处理，使所有指标对县域品牌的作用力同趋化，从而构建一致、有意义的综合指数。正向化处理的方法有取倒数、取相反数、极大值法等。

无量纲化。对于多指标综合评价体系，必须对性质和计量单位不同的指标进行无量纲化处理，以处理解决数据的可比性问题。无量纲化就是把不同单位的指标转换为可以对比的同一单位的指标数值，用于比较和综合分析。无量纲化函数的选取，一般要求严格单调、取值区间明确、结果直观、意义明确、尽量不受指标正向或逆向形式的影响。无量纲化的方法一般有标准化法、极值法和功效系数等方法。本书选取极值法来消除量纲的影响。极值法的公式如下：

$$X = \frac{x - x_{\min}}{x_{\max} - x_{\min}}$$

其中，x 为评价指标，$x_{\max}$ 和 $x_{\min}$ 分别对应指标 x 的最大值和最小值。

指标权重。权重系数的确定是综合评价结果是否可信的一个核心问题。在 BIIC 指标体系权重结构中，课题组认为文旅品牌影响力指数、创新品牌影响力指数、宜居品牌影响力指数和品牌传播影响力指数在县域品牌建设与发展阶段，其作用有别于城市。在一级指标的赋权中，文旅品牌权重为 25%，创新品牌权重为 30%，宜居品牌权重为 25%，品牌传播权重为 20%。二、三级指标则具有同等的重要性，即上述 4 个单项指数的权重平均分配至二、三级指标。

指数合成。确定了各指标及子指数，最后一步就是把这些子指数合成为一个综合指数，从而得到一个县域品牌的综合评价指标。本书选择几何平均法进行综合指数的合成。几何平均法合成指数的公式如下：

$$X = \prod x_i^{w_i}$$

其中 x_i 为第 i 个子指标，w_i 为第 i 个子指标的权重，X 为合成后的综合指标。

（三）中国县域品牌影响力 2021：总体态势

2021 年是课题组将焦点对准县域品牌研究的第一年，报告按照课题组提出的县域品牌影响力指数概念及指数模型，选取中国 400 个县（市、旗）作为样本，从文旅品牌、创新品牌、宜居品牌和品牌传播四个维度，对县域品牌影响力进行评估与测量。

2021 年，中国县域品牌影响力指数 10 强依次为昆山市、安吉县、义乌市、嘉善县、常熟市、江阴市、张家港市、德清县、海宁市、桐乡市。江浙地区县域包揽了总指数榜单的前 10 名，成为中国县域品牌影响力的标杆；此外，在 40 强中，江浙地区的县域占到了 82.5%。由此可见，江浙地区的县域品牌建设具有极为显著的优势。

1. 中国县域品牌影响力取得一定进展，但总体水平不高，且头部阵营数量偏少

2021 年，中国县域品牌影响力指数全部样本的得分平均值为 0.3848，中位数为 0.381，显示中国县域品牌建设取得一定

进展，但整体水平不高，仍处于能力提升和经验扩散的基础阶段。2021 年 BIIC 得分在 0.6 以上的县域数量仅有 11 个，头部阵营数量少。县域品牌影响力 100 强指数平均值为 0.5164，但有 238 个县域样本指数得分在 0.4 以下。总体来看，县域品牌建设示范带动和经验扩散的基础力量还有待扩大（见图 1 - 1）。

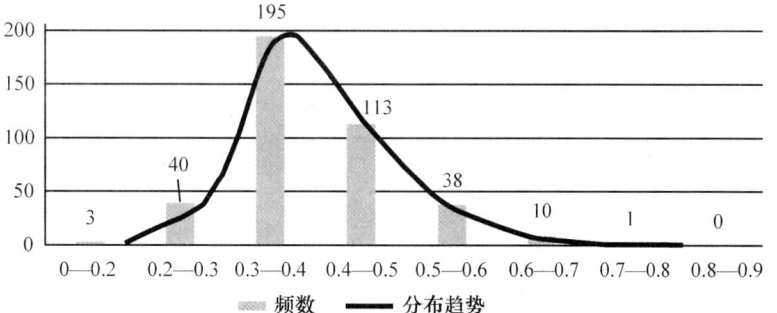

图 1 - 1　BIIC 得分频数分布

资料来源：笔者自制。

2. 县域品牌建设热潮涌动，但品牌结构不均衡。文旅和传播表现优秀，宜居和创新成为短板

近年来，中国县域地区的品牌建设热情逐年高涨，热潮涌动，但从中国县域品牌 400 个样本的品牌结构来看还不够均衡。中国县域品牌主要依赖品牌传播和文旅品牌带动，平均值分别达到 0.5483 和 0.4051，宜居品牌发展欠缺，平均值为 0.3755，创新品牌表现最弱，得分平均值仅为 0.2999（见图 1 - 2）。2021 年中国县域品牌影响力指数数据显示，县域创新品牌平均值小于综合指数平均值，县域宜居品牌平均值也低于综合指数，县域创新品牌和宜居品牌影响力的不足，成为制约县域品牌影响力提升的主要短板（见图 1 - 3）。

中国县域品牌影响力报告（2021）：推动共同富裕 17

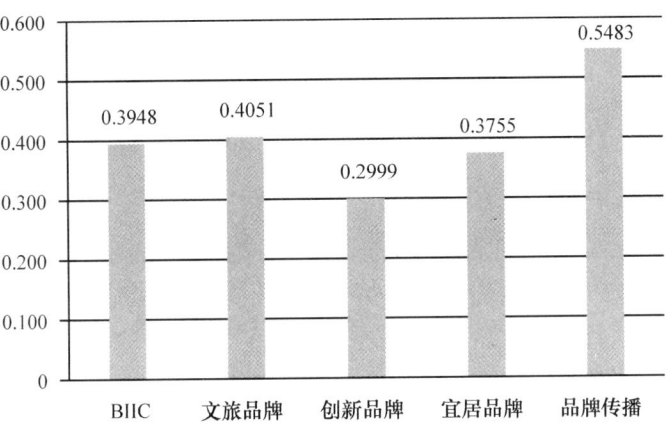

图 1-2 400 个样本县域品牌影响力指数及一级指标平均值
资料来源：笔者自制。

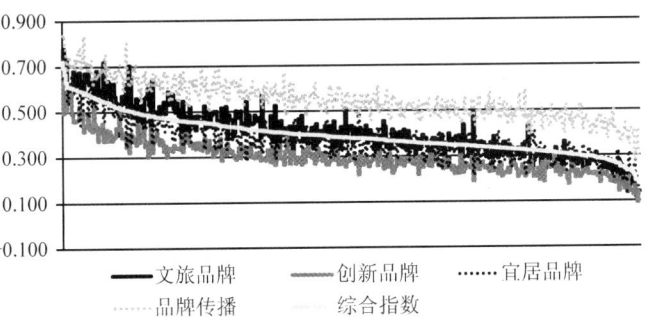

图 1-3 400 个样本县域品牌影响力综合指数及一级指标
资料来源：笔者自制。

2020 年以来，受新冠肺炎疫情冲击的影响，县域企业尤其是服务业企业发展受到了较大的挫折，投资额减少、消费活力和市场主体活力降低，大多数县域的 GDP 增速放缓，科技创新和创新发展的活跃度有所减弱。另外，在集中力量抗击和防控疫情的过程中，居民的宜居感知质量降低，公共卫生服务、医疗服务的短缺和不足等问题有所显露，宜居品牌受到影响。未来县域品牌影响力建设，应进一步巩固和提升传播绩效和文旅品牌质量，但增长空间较大的仍是宜居品牌和创新品牌的建设和发展。

3. 各区域县域品牌建设各有亮点，但县域品牌影响力空间分化严重，区域发展不均衡

国内 7 大区域的县域品牌发展不均衡。2021 年华东地区的县域品牌影响力优势突出，特别是江浙地区占据绝对优势。江浙地区不仅是县域经济的优势区，更是县域品牌的强势地区。各地区的县域品牌建设亮点纷呈，各显其能。比如在文旅品牌方面，山东、四川、福建和云南等的县域有不俗表现；在县域品牌的"潮能力"表现方面，湖南、山东、福建及河北地区比较突出；在创新创业的品牌贡献方面，山东、湖南、安徽、福建及河北的县域基础雄厚；在地理标志品牌与县域品牌的协同发展方面，湖南、安徽、山西和福建的县域则表现突出。总体来看，华东地区县域品牌影响力大幅领先，东北、西北地区的县域品牌影响力较弱，部分西南和华中地区县域表现优秀、不容小觑。华东地区样本的县域品牌影响力指数平均值达 0.4377，是中国县域品牌建设的领头羊；西南地区紧随其后，县域品牌影响力指数平均值也达到 0.3890，具备较大的发展潜力；华南、华北、华中、西北以及东北地区的县域品牌影响力指数平均值依次为 0.3625、0.3604、0.3562、0.3365 以及 0.2958（见图 1-4）。

不同省份间和省份内县域品牌影响力也存在明显差距。从图 1-5 可见，各个省份之间的县域品牌影响力存在明显差距。其中，县域品牌影响力平均值最高的省份为浙江，达到 0.5393。同时，平均值超过 0.5 的省份仅有浙江。

从表 1-2 可以看出，不同省份内部各县域的品牌影响力也存在明显差异。其中，省份内部差异最大的是江苏，区域内极差达到 0.4026，品牌影响力指数最高的县域为昆山市，最低的为灌南

中国县域品牌影响力报告（2021）：推动共同富裕　19

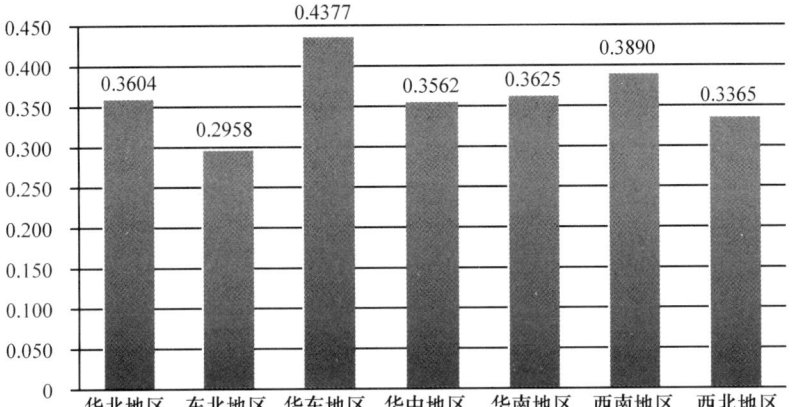

图1-4　县域品牌影响力分区域平均值

资料来源：笔者自制。

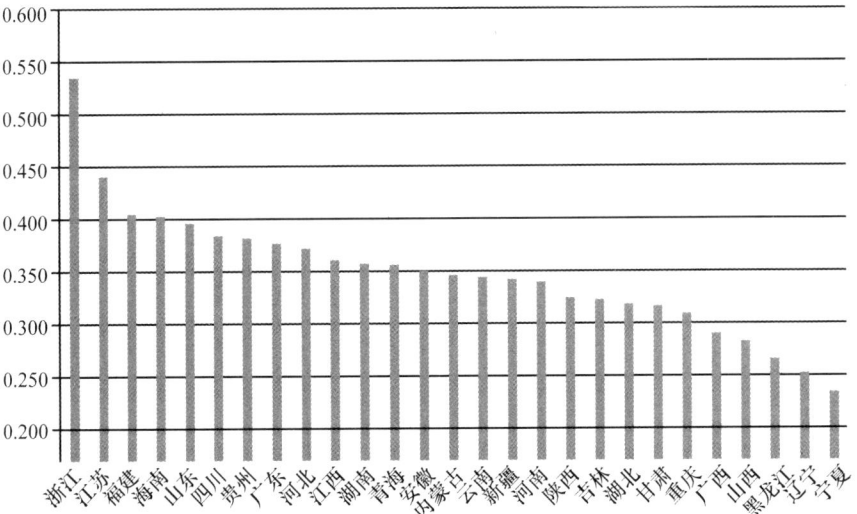

图1-5　2021年各省份县域品牌影响力指数平均值

注：甘肃、海南、青海、重庆只有一个样本县。

县；省份内部差异最小的是宁夏，区域内极差达到0.0467，品牌影响力指数最高的县域为灵武市，最低的为青铜峡市。总体来看，极差高于0.2的省份有12个，极差小于0.1的省份仅有

20 国家智库报告

2 个。可见，不同省份内县域品牌影响力也存在明显差距。

表 1 - 2　　　　　不同省份内县域品牌影响力差异

	区域内极差	区域内得分最高	品牌影响力	区域内得分最低	品牌影响力
江苏	0.4026	昆山市	0.7232	灌南县	0.3206
福建	0.3510	晋江市	0.5939	平潭县	0.2429
浙江	0.3357	安吉县	0.6953	岱山县	0.3596
湖南	0.3130	长沙县	0.5860	冷水江市	0.2730
湖北	0.2995	恩施市	0.4839	京山市	0.1844
内蒙古	0.2619	伊金霍洛旗	0.4918	霍林郭勒市	0.2299
安徽	0.2520	凤阳县	0.4609	广德县	0.2089
山东	0.2386	荣成市	0.5584	临邑县	0.3198
四川	0.2159	都江堰市	0.5437	会理县	0.3278
河北	0.2136	正定县	0.5081	滦州市	0.2945
山西	0.2129	怀仁市	0.4309	襄垣县	0.2179
云南	0.2117	大理市	0.4820	个旧市	0.2703
陕西	0.1933	神木市	0.4712	彬州市	0.2779
河南	0.1848	兰考县	0.4461	孟州市	0.2613
吉林	0.1824	延吉市	0.4297	德惠市	0.2473
辽宁	0.1820	庄河市	0.3568	绥中县	0.1748
江西	0.1718	南昌县	0.4973	分宜县	0.3255
广西	0.1576	横州市	0.4053	陆川县	0.2477
贵州	0.1388	兴义市	0.4704	开阳县	0.3316
黑龙江	0.1208	宾县	0.3526	肇东市	0.2318

续表

	区域内极差	区域内得分最高	品牌影响力	区域内得分最低	品牌影响力
广东	0.1174	开平市	0.4472	新兴县	0.3298
新疆	0.0544	石河子市	0.3921	库尔勒市	0.3377
宁夏	0.0467	灵武市	0.2835	青铜峡市	0.2368

资料来源：笔者自制

浙江、江苏、山东、福建"以少胜多"，100 强品牌县域规模优势显著。如图 1-6 所示，在 400 个样本县域中，山东、江苏、浙江县域数量占据前三，分别为 54 席、40 席、38 席；河南、安徽、湖北紧随其后，分别为 33 席、30 席、26 席。参照样本的省域分布情况，浙江省的县域品牌优势显著，在样本总量不抵山东和苏州的情况下，100 强品牌县域数量显著超过江苏和山东，雄踞第一（见图 1-7）。

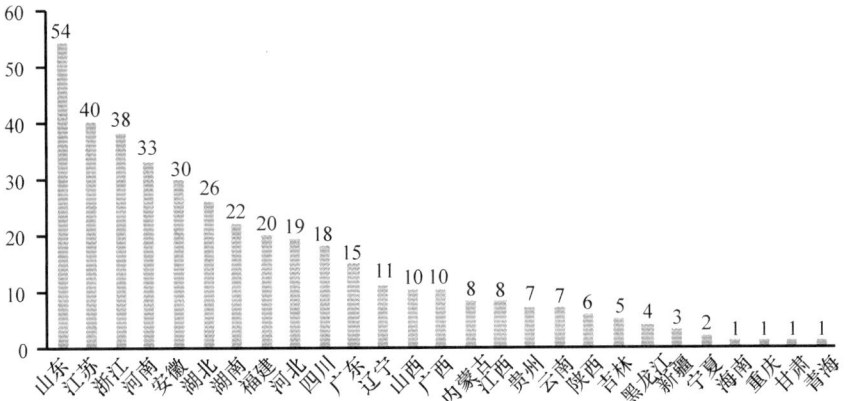

图 1-6　县域品牌影响力指数样本数量的省域分布

资料来源：笔者自制。

22 国家智库报告

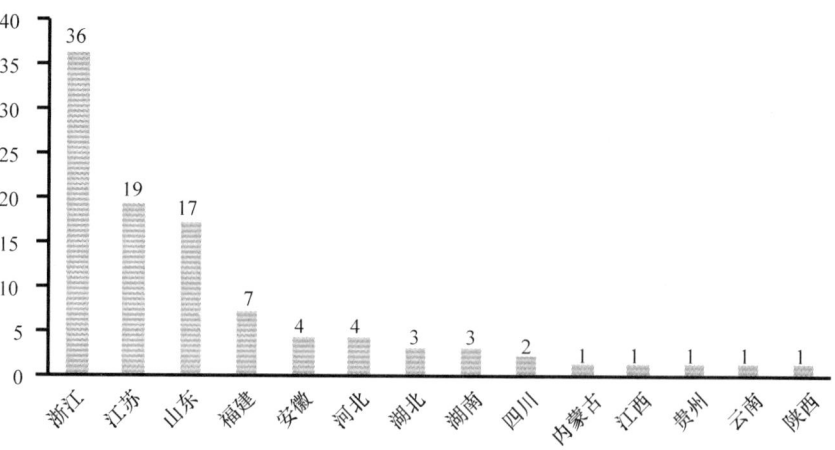

图 1-7 100 强县域品牌的省域分布状况

资料来源：笔者自制。

图 1-8 展示的是不同省份样本县域所占比例与品牌影响力 100 强县域所占比例。浙江、江苏、山东和福建 4 个省份，100 强县域所占比例超过本区域样本县域所占比例，县域品牌影响力优势显著，尤其是浙江，凭借 9.5% 的县域数量在 100 强县域中占到了 36%，表现尤为亮眼。安徽、湖北、湖南、河北、四川几个省份样本县域数量和 100 强县域数量占比均处于中间水

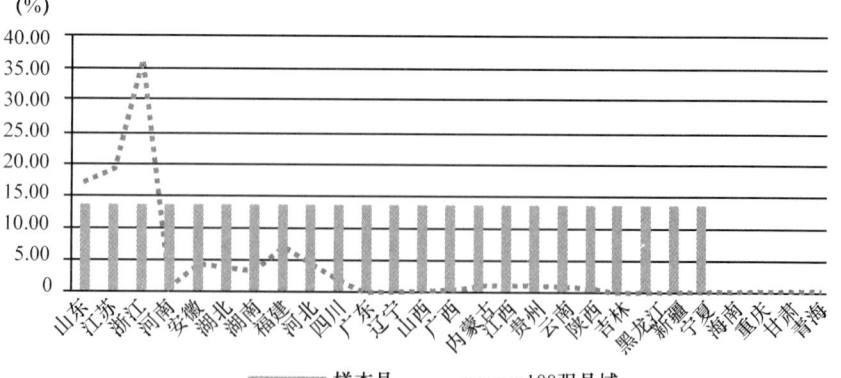

图 1-8 不同省份样本县域与品牌影响力 100 强县域占比

资料来源：笔者自制。

平。内蒙古、江西、贵州、云南、陕西几个省份样本县域数量占比不大，但均有县域跻身 100 强。河南、辽宁、山西、广西、吉林、黑龙江、新疆、宁夏、海南、重庆、甘肃、青海均无县域跻身 100 强。

4．县域品牌建设百舸争流，但品牌影响力层级分异显著，整体发展格局有待优化

2021 年的县域品牌影响力指数表现出明显的层级分异特征。BIIC 得分层级分异显著，各分项指标得分也呈现类似的差异分布。县域品牌影响力的层级差异，表现出两极分化态势。江苏省昆山市的县域品牌影响力指数得分高达 0.7232，而辽宁省绥中县得分仅为 0.1748，差距悬殊。优势县域与弱势县域间的差距有待缩小，全国整体县域品牌发展格局需要进一步优化（见图 1-9）。

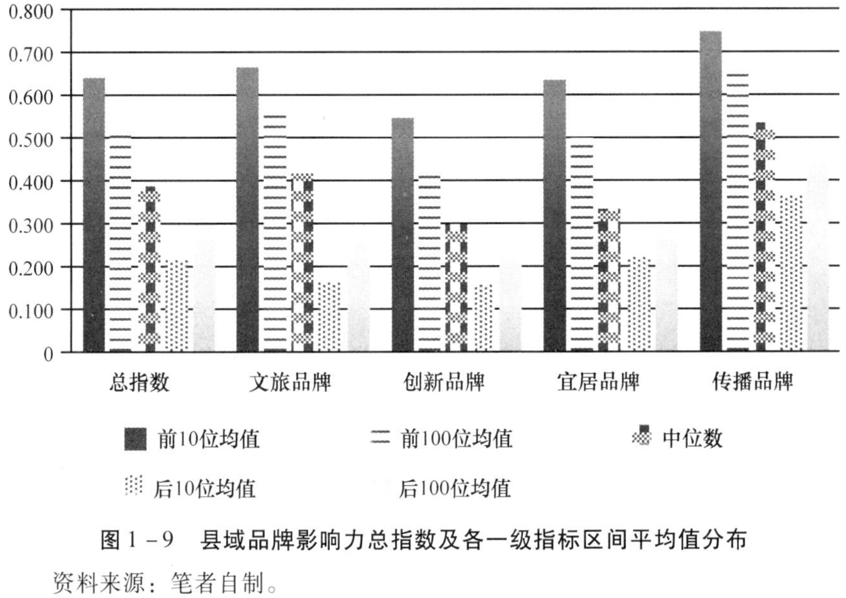

图 1-9　县域品牌影响力总指数及各一级指标区间平均值分布

资料来源：笔者自制。

24　**国家智库报告**

（四）中国县域品牌影响力 2021：
研究发现与分析

1. 良好的经济基础是提升县域品牌影响力的重要驱动和支撑

参照世界银行区域人均 GDP 的划分标准，我们将样本县域划分为 3 个段位，分别为中低收入县域、中高收入县域、高收入县域。分析发现，越是高收入的地区其品牌影响力指数得分越高。由此可见，经济越发达的县域其品牌效应越显著。

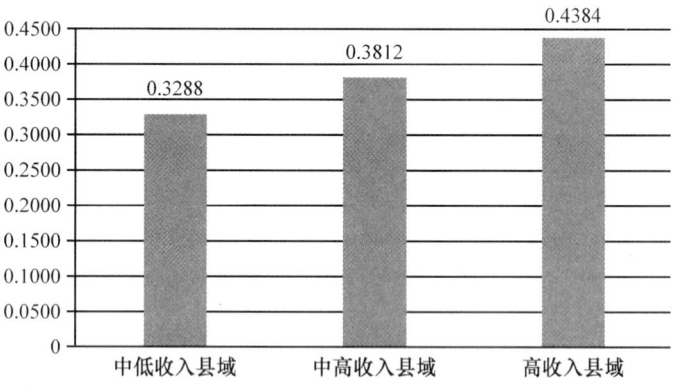

图 1 - 10　不同收入水平阶段的县域品牌影响力指数平均值
资料来源：笔者自制。

2. 县域人口集聚对于提升品牌影响力作用效果明显

根据 400 个样本县域的人口规模分布概况，大致可划分为 3 个区间，分别为 50 万人以下、50 万—100 万人、100 万人以上的县域。通过对这 3 个区间的县域品牌影响力指数得分平均值进行分析，发现县域人口规模越大，其品牌效应越明显。因此，推进县域新型城镇化、扩大县域人口规模有利于提升县域品牌效应。

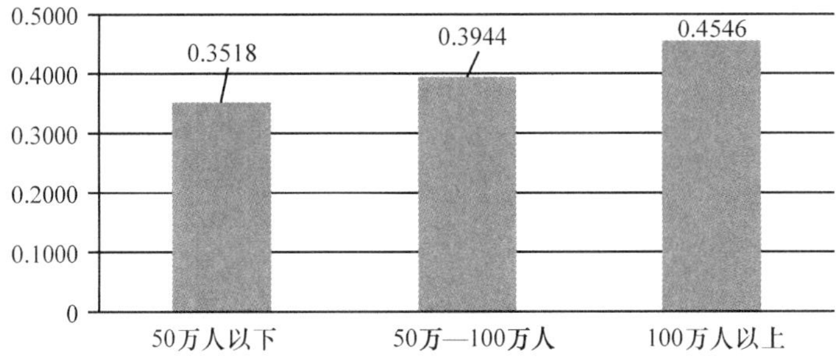

中国县域品牌影响力报告（2021）：推动共同富裕　25

图 1 - 11　不同县域人口规模下的县域品牌影响力指数平均值

资料来源：笔者自制。

3. 不同县域资源禀赋差距较大，科技创新是促进县域实现共同富裕的重要抓手

将 400 个样本县域的发明专利数量划分为 5 个区间，通过分析不同区间县域品牌影响力指数平均值可知，发明专利数量越多的区间，带动品牌指数提升的作用越显著。因此，以发明专利为代表的科技创新是促进县域品牌效应提升的重要抓手之一。党的十九届五中全会对共同富裕做出重要部署，提出到 2035 年全体人民富裕取得更为明显的实质性进展。要坚持以人民为中心

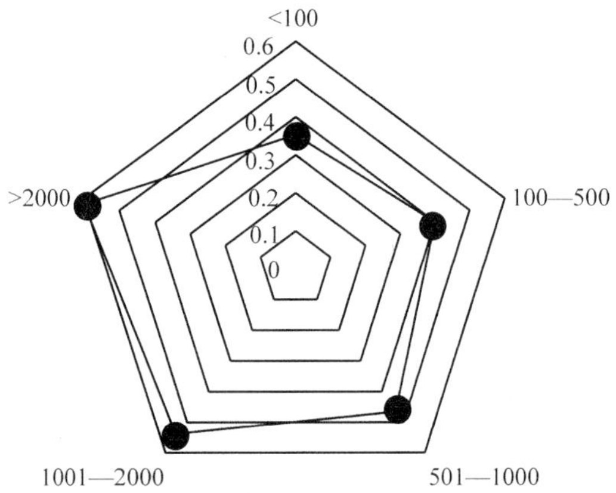

图 1 - 12　不同创新水平下的县域品牌影响力指数平均值

资料来源：笔者自制。

26　国家智库报告

的发展思想，在高质量发展中促进共同富裕。新发展格局下，中国不同县域资源禀赋及发展基础差距较大，但科技创新作为引领高质量发展的第一动力，不仅是促进县域品牌发展的重要驱动力，更是促进县域经济社会在新的发展阶段实现共同富裕的一个重要抓手。

（五）中国县域品牌影响力 2021：进展与挑战

1. 疫情冲击下文旅品牌设法突围，文化和旅游融合发展有待深化

2021 年，新冠肺炎疫情影响下的县域文旅品牌设法突围，各地区的文旅宣传创意十足。随着疫情防控管理进入常态化，县域文旅陆续呈现疫后复苏的态势，短距离省内游热度率先恢复，县域作为近郊游的主要目的地，文旅活力获得一定程度的释放，文旅网红县也不断涌现。从 BIIC 各分项指数与总指数平均值的差值来看，县域文旅品牌影响力指数比 BIIC 平均值略高出 0.0103 分，显示疫情下的文旅品牌对县域品牌影响力仍具拉动效应。从县域文旅品牌的得分来看，各区段文旅品牌影响力指数差异较其他分项指数要小，文旅品牌建设成为缩小县域发展差距的突破口。

然而，县域文旅产业的多样化和品质化提升还有较大空间。文旅是高度依赖市场流动性的服务产业，疫情影响下县域文旅产业更多关注自身的生存，创新发展的资源压缩、空间逼仄，门票经济模式仍是县域文旅的主要支撑。文旅产业缺乏纵向产业延伸的张力，单一化、同质化问题比较突出。此外，文化和旅游融合发展仍有很大的提升空间。以县域文旅品牌影响力指数的三级指标为例，文化形象传播和旅游形象传播的平均值分别为 0.5125 和 0.4613，从数值来看文化形象传播的带动作用优

于旅游形象传播，二者之间存在一定差距，表明中国县域文化资源具备一定的优势和基础，但县域旅游认知预期和市场带动作用有待加强。文旅融合是县域相关产业发展的重要引擎，从提升县域品牌价值的视角看，县域文化和旅游仍有待深入融合（见图1-13、图1-14）。

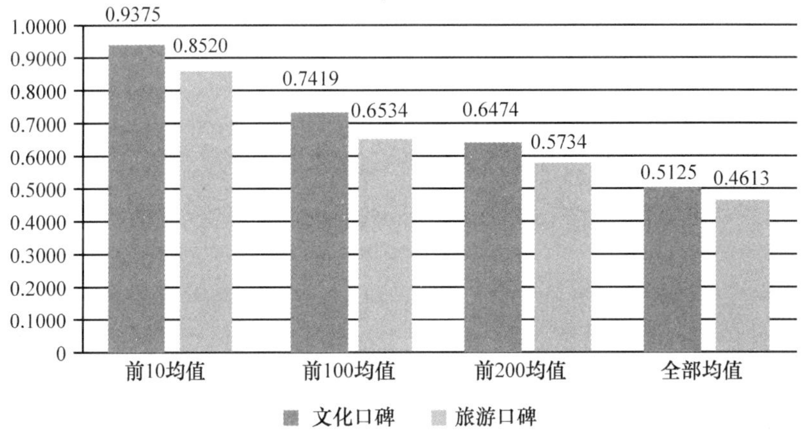

图1-13　文化和旅游口碑得分平均值对比

资料来源：笔者自制。

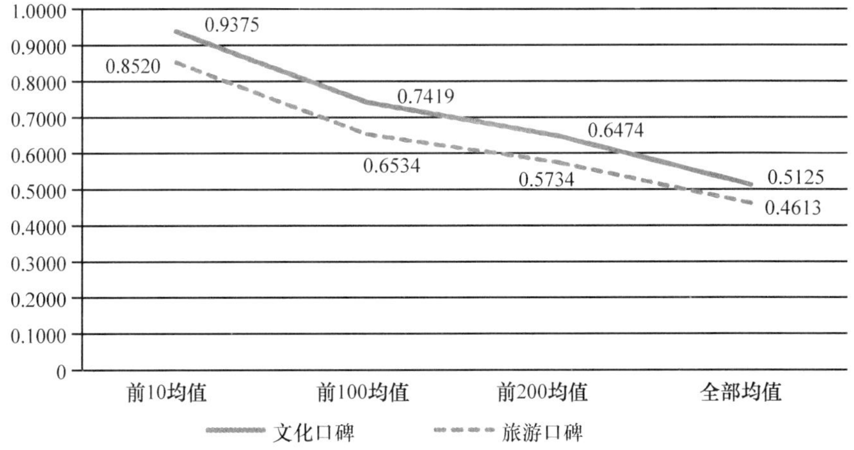

图1-14　文化和旅游口碑平均值趋势对比

资料来源：笔者自制。

28　国家智库报告

2.　县域品牌形象传播亮点突出，但传播的战略支点亟待矫正

县域品牌传播影响力指数高出总指数平均值 0.1536 分，成为县域品牌影响力提升的核心驱动力。在本报告的 400 个县域样本中，品牌传播影响力指数平均值均高于总指数前 100 位及前 200 位的 BIIC 平均值，品牌形象传播成为资源有限、产业优势不突出的县域提升自身品牌影响力的重要抓手（见表 1-3）。比如在丁真网络爆红的一年多来，其家乡理塘县在 2021 年"十一"黄金周期间旅游收入同比增长达 72.4%，带动新注册企业数同比增长 85.2%，新增注册民宿相关企业同比上涨 766.7%，同时理塘县的相关产业也开始积极谋划发展。可以说形象传播打开了理塘县转型发展的机遇之门。在若干"网红县"成功案例的带动下，全国范围内的县域环保掀起了新的热潮，大大推动了县域品牌意识和建设努力的成效。然而，传播热的背后也充斥着大量短期炒作和自说自话的无效传播，县域品牌传播的战略性和专业水准还有待提升。比如，地理标志是县域品牌宣传最易获得实质性支撑且具有直接产业带动效应的传播内容，但在县域品牌传播指数的各二级指标当中，县域网络关注度平均值高出地理标志品牌平均值 0.021 分。也就是说，县域品牌形象传播流量尚未很好地转化为有效的形象资产，品牌传播的战略支点亟待矫正。事实上，县域的地理标志品牌效应更多地叠加在地级市的品牌价值当中，县域作为地理标志所在地却缺乏应有的话语权，这表明城市品牌对县域的"反哺"作用有限，也说明县域品牌的专业性和战略高度有待提升。

表 1-3　　　BIIC 与县域品牌传播影响力指数的分区段平均值

	BIIC	县域品牌传播	品牌传播与 BIIC 差值
前 10 平均值	0.6354	0.7435	0.1081
前 100 平均值	0.5164	0.6583	0.1419

续表

	BIIC	县域品牌传播	品牌传播与 BIIC 差值
前 200 平均值	0.4635	0.6160	0.1525
全部平均值	0.3948	0.5483	0.1535

资料来源：笔者自制。

3. 生态环境成县域宜居品牌亮点，但社会活力和宜居基础表现欠佳

2021 年中国县域宜居品牌影响力指数总体表现欠佳。但在县域宜居品牌的二级指标中，生态环境指标却表现突出，400 个县域样本平均值达到 0.5025，远高于县域宜居品牌其他二级指标，如宜居基础指标平均值为 0.3449、社会活力指标平均值为 0.2964、民生质量指标平均值为 0.3581。近年来，国家大力推动高质量发展和产业转型升级，在"绿水青山就是金山银山"发展理念的号召下，各县域做出的努力有目共睹。对比之下，县域社会活力在宜居品牌二级指标中表现最弱（见图 1 - 15），表现在人才吸引力、创新氛围和活力口碑等三级指标均不尽如人意。如何提升县域对人才的吸引力成为提升县域社会活力的关键。目前，各地纷纷加入全国范围内的"抢人大战"，下辖县域在人才吸引方面还较为被动，相关的工作也有所欠缺，大多数县

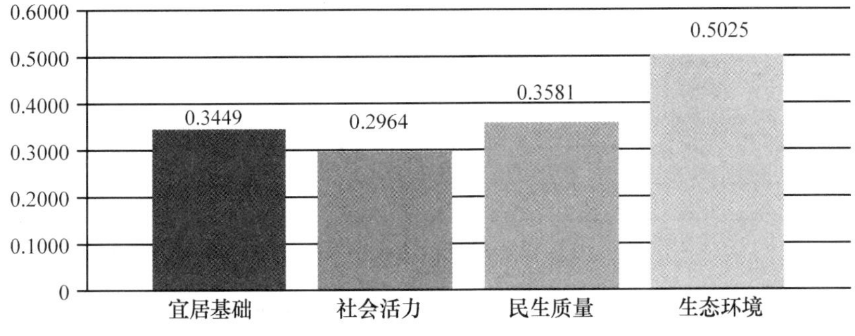

图 1 - 15 县域宜居品牌影响力二级指标平均值

资料来源：笔者自制。

30 国家智库报告

域普遍对周边中心城市及都市圈的人才流动和可能的人才红利
信心不够、重视不足。

4. 县域肩负高质量发展的重任，但创新发展转型能力亟待提高

近年来，各县域在鼓励创新创业、加大招商引资方面不遗余力，投入不少。指标测算发现，在县域创新品牌影响力的二级指标中，县域创新发展声望得分提升，表明各地区在相关宣传方面下足了功夫，社会对县域创新转型也充满期待。然而县域的经济基础、创新活力和创新潜力3个指标的平均值则与创新发展声望有较大落差。上述3个指标的平均值分别为0.2470、0.2271、0.2528，远低于创新发展声望的平均值（0.4726）。这表明县域创新发展的基础还不够扎实，传统产业转型升级进程缓慢，在通过科技创新和体制机制创新来促进县域内生动能方面，能力还有待进一步提升。创新发展基础薄弱是困扰中国县域更好、更快迈向高质量发展的主要障碍（见图1-16）。

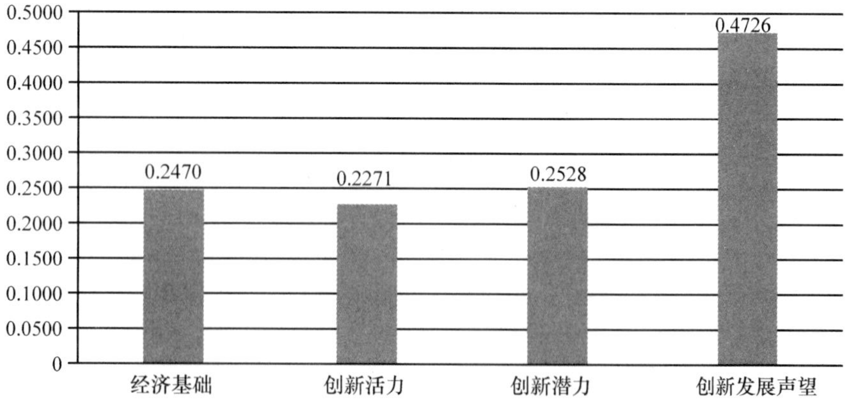

图 1-16 县域创新品牌影响力二级指标平均值

资料来源：笔者自制。

（六）加强中国县域品牌建设：展望与建议

在新型城镇化与城乡融合的大背景下，中国县域经济社会发展面临在高质量发展中推进共同富裕的历史重任，县域品牌建设可以成为达成这一历史性任务的重要抓手。现阶段中国县域品牌建设整体仍处于起步发展阶段，未来还有较大提升空间。本书建议如下。

1. 县域发展要融入国家区域战略，以区域治理带动形成县域治理新格局，推动共同富裕

考察县域品牌影响力指数的百强阵容，绝大多数处于或毗邻优势城市群、都市圈或区域重要中心城市，区域带动及中心城市的集聚与辐射效应是县域品牌发展的重要助力。未来县域品牌发展既要兼顾自身特色，更要积极融入国家新型城镇化战略大局，设法与区域城市群、都市圈和中心城市融合发展，在基础设施、产业关联、市场体系、创新网络和文旅互动等方面，建立双赢乃至多赢的治理新格局。重点通过产业和市场的联动，壮大县域供应链产业和特色产业，扩大县域的国内大循环价值机遇和价值创造能力。同时，县域发展也应借助融入区域发展特别是对接区域中心城市和"一带一路"节点城市，紧跟开放政策、利用开放平台积极"走出去"，进而真正将县域发展嵌入国家区域发展战略格局当中，通过区域联动、城乡互补、结对帮扶等带动区域协同发展，拓展县域发展资源，提升县域治理能力，以更有效地迈向共同富裕。其中，结合自身资源禀赋，积极规划和建设特色小镇，也是县域通过发掘和强化自身能力，充实区域城镇体系和城乡合作网络的重要举措。

2. 以科技创新为引领，促进县域经济发展提质增效

从纵向来看，中国大多数县域存在城乡融合水平不足的现

象；从横向来看，不同县域发展差距较大，存在动力支撑不足、资源要素禀赋制约等困境。在现代化建设的新征程中，县域要贯彻新发展理念，以科技创新为引领，加快高质量发展、实现跨越式发展，书写县域高质量发展新篇章。一是抢抓机遇，释放县域发展活力，以改革为引领，着力推动权责重构，大力简政放权，建立健全有利于县域经济健康发展和良性循环的机制。二是注重产业空间的集聚发展，产业的集聚发展可以降低上下游企业的沟通和交流成本，减小信息失真的程度，对于提高县域的创新效率具有正向促进作用，具体体现在县域发展的宏观战略布局上。三是重视以企业为主的创新载体的集聚发展，企业作为经济活动的主体，分布在不同的产业链、创新链、供应链上，不同节点之间的企业随着市场需求和演化很容易形成稳定的技术交流与合作关系，通过整合优化资源要素，助力不同企业间实现知识、技术、信息共享，有利于提升县域整体的创新能力。

3. 以品牌建设为抓手，赋能县域产业蓬勃发展

良好的县域品牌影响力是县域产业发展的重要支撑。大力发展县域经济，要以产业为核心，坚持走出一条城乡统筹、产城融合、富有特色的品牌建设之路。一是要以品牌塑造为导向，优化县域产业布局，前期规划要注重调研。当前，不同县域产业发展及布局中同质化现象严重，未来不同县域的产业规划应进一步重视前期调研工作，重大产业项目应符合县域资源禀赋，不同县域应结合本地特色，打造自己的 IP，走出一条特色产业品牌发展之路。二是以重大特色项目为抓手，打造区域公共品牌和公用品牌项目，并围绕品牌符号化、差异化和价值化等内容进行系统性的统筹和建设。通过品牌化建设，为县域产业发展赋能。三是要注重品牌营销推广。品牌营销推广是县域品牌建设的重要环节，要发挥政府资源优势，进行专业化、系统化

中国县域品牌影响力报告（2021）：推动共同富裕　33

和数字化的持续营销推广，应充分利用好各种线上资源，对本县域的特色、亮点进行全方位营销。

4. 加强县域公共品牌与农业公用品牌的战略联动，助力衔接乡村振兴和共同富裕大局

近年来，众多县域依靠区域农业公用品牌建设，带动了一批产业基础薄弱的贫困乡村和县域实现精准脱贫。在脱贫攻坚成果巩固阶段，区域公共品牌（包括城市品牌和县域品牌）应发挥更大的杠杆作用，加大与区域公用品牌的联动，通过加强产品品牌背书和产业集群品牌打造等手段，提升县域公用品牌的话语权和品牌价值，更好地助力乡村振兴，推动共同富裕。与此同时，城市品牌和县域品牌等公共品牌也会在这一联动过程中实现增值，从而提升地区品牌的公共价值，造福城乡居民。

5. 以补齐民生短板为切入点，推动县域共同富裕

中国有 2858 个县级行政区划（包括县级市、县、自治县、自治旗等），人口在全国占比超七成，GDP 在全国占比超五成。县域作为国民经济发展和统筹城乡经济社会发展的基本单元，是经济发展的动力源泉。抓好县域发展，也就抓住了实现共同富裕的命脉，而加快补齐民生短板，则是推动县域实现共同富裕的要义。一是要加快推进县域基本公共服务实现品质化发展，加快关键优质公共服务设施建设，健全全生命周期的民生服务供给机制和公共服务资源统筹共享机制，深化"互联网＋"，促进县域城市公共服务资源向周边地区延伸和细化，多措并举，补齐县域公共服务短板。二是坚持以人民为中心，大力推进共同富裕，树立典范，探索先进经验和做法，在持续完善收入增长和财富分配合理调节机制，加快释放要素分配改革红利，健全多层次、多方位、多阶段的社会保障机制。三是在总结树立发达县域先进做法的经验基础之上，升级对口帮扶力度，细化

帮扶内容，包括政策供给、资本导入、技术支撑等。

6. 后发展县域应紧抓产业转移机遇，加快实现转型发展和富商富民

各区县发展存在的巨大差距既是挑战也是机遇。面对先进区县发展过程中淘汰的落后产业、高耗能产业，产业发展薄弱的区县应把握产业转移时机，在有序承接、选择性承接的同时，实现传统产业转型升级，承接先进地区发展经验，引入高科技技术和人才政策，发展具有本地优势特色的产业集群，打造本地独有产业品牌。优势县域与后进县域间还应尽可能搭建基于市场机制的合作与帮扶机制，通过发达县域的经验扩散，实现信息资源和要素的有效流通，促进区域间的协调和融合发展。与此同时，大力促进农业产业向着产业集群化、高科技智能化方向前进，使产业转型发展惠利人民，带动全体走向共同富裕。

7. 推动县域传播体系全面创新，打造县域品牌传播的新范式

与城市相比，县域媒体资源少、关注度较低，推动品牌传播时很容易陷入无效传播和资源浪费。要在传播内容、形式和渠道等各方面施力创新。县域宣传应重点依托本地优势，特别是县域环境优势、文化民俗特色和产业产品方面的基础，注重宣传的差异性与针对性，设置有别于城市的差异化传播议题，创新传播内容，力争在注意力稀缺的形象竞争中脱颖而出。在"网红县"频出的今天，各县已开始将移动互联网作为发展品牌建设时的主要阵地。在移动互联网有效利用方面，各县域有必要学习借鉴成功案例的经验，积极培育本地的传播人才，扶持和激励本地传媒传播特别是自媒体传播梯队，针对不同项目和细分领域，组建若干传播实验室或工作室，探索县域品牌传播的内容和模式创新。重点是让更多的居民、企业、投资者和游

客利用移动互联网为本地讲述更多的故事、发出更多的声音。

8. 地区品牌资源向弱势县域倾斜，打造共同富裕的品牌助力机制

当前品牌战略已上升为国家战略，围绕品牌振兴、品牌强国的平台建设和生态体系建设也加速推进。然而，上述平台和生态资源更多地集中在大都市和区域中心城市，对县域发展的外溢和带动作用还不明显。未来品牌资源、政策和平台应更多地向县域特别是后发展县域倾斜，以帮助和促进县域品牌的发展。比如和品牌建设密切相关的中央和省级媒体资源、金融资源、创新和研发资源、物流资源、产权交易平台资源、医疗服务资源、教育培训资源等，通过专项规划及财政、税收等激励政策，鼓励上述资源向县域特别是后发展县域倾斜和布局，从而助力县域打造品牌内生动能，促进各区域县域经济社会均衡发展和高质量发展，实现共同富裕的发展目标。

二 县域文旅品牌影响力 指数报告（2021）

2021 年的文旅行业虽受新冠肺炎疫情的冲击，但仍呈现强有力的修复能力和反弹力，长期向好势头不可逆转，文旅产业将在经济社会发展中起到至关重要的作用。随着文化和旅游的深度融合发展，打造文旅品牌逐渐成为文化领域供给侧结构性改革的重要手段和刺激文旅市场消费的重要举措。然而，纵观文旅行业现状，行业竞争持续加剧，同质化趋势越来越显著。为拓展文旅产品个性、打造鲜明的文旅形象，各县域必须借助品牌的力量，从资源挖掘、形象塑造、项目推进、立体营销、产业融合等方面发力，积极推进县域文旅品牌建设，激活文旅发展潜力。县域如何在文旅融合和"绿水青山就是金山银山"理念的指导下，以绿为底、以文赋魂、以旅为道，把脉文旅产业融合现状，共谋文旅品牌发展之路值得研究和探索。

本部分主要从文旅特色、文旅活力、旅游吸引力与文旅形象传播四个方面对中国县域文旅品牌影响力指数进行系统性综合评价。首先，文旅特色是县域树立文旅品牌形象、获得差异化竞争优势的资源基础与发展标杆，其细分指标包括文化特色、舆论关注度与独特性感知；其次，文旅活力反映县域文化和旅游的可持续发展能力，其细分指标包括文化声望、友善气质与"潮"能力；再次，旅游吸引力主要指县域内较为知名的自然与人文旅游资源，是旅游业发展的核心依赖，也是文旅品牌塑造的有效物质载体，其细分指标包括旅游吸引物、美景美食与全域旅游；最后，文旅形象传播是县域文旅品牌知名度的重要体现，其细分指标包括文化形象传播和旅游形象传播。

（一）总体发展情况分析

1. 县域文旅品牌影响力指数带动作用强，但高分县域数量少

由图 2 – 1 可知，2021 年县域文旅品牌影响力指数得分为 0.4051，仅次于品牌传播影响力指数，高于县域品牌影响力总指数，说明县域文旅品牌影响力指数对总指数的带动作用较强。

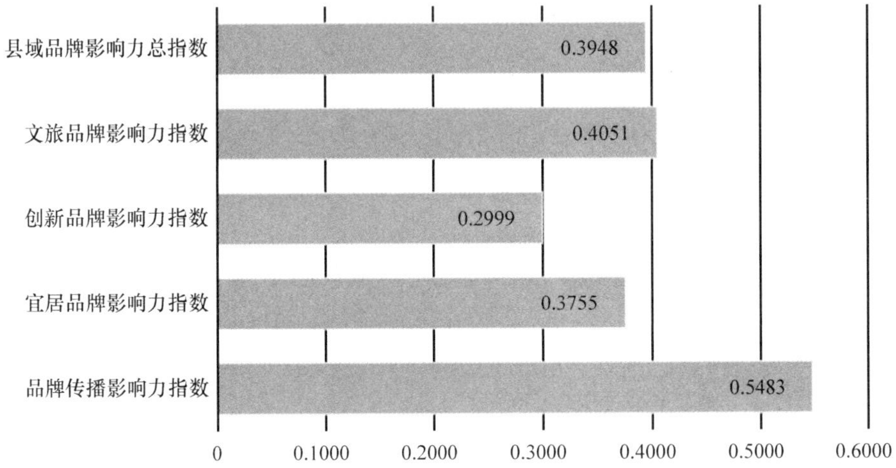

图 2 – 1　2021 年县域品牌影响力总指数及各分项指标得分对比

资料来源：笔者自制。

由图 2 – 2 可知，县域文旅品牌影响力指数得分呈中间多、两边少的钟形分布，在 0.3—0.5 区间段内最为集中，该区间内的样本数有 240 个，占据样本总量的 60%，文旅品牌影响力指数高于 0.6 分以上的县域仅有 29 个，数量较少。

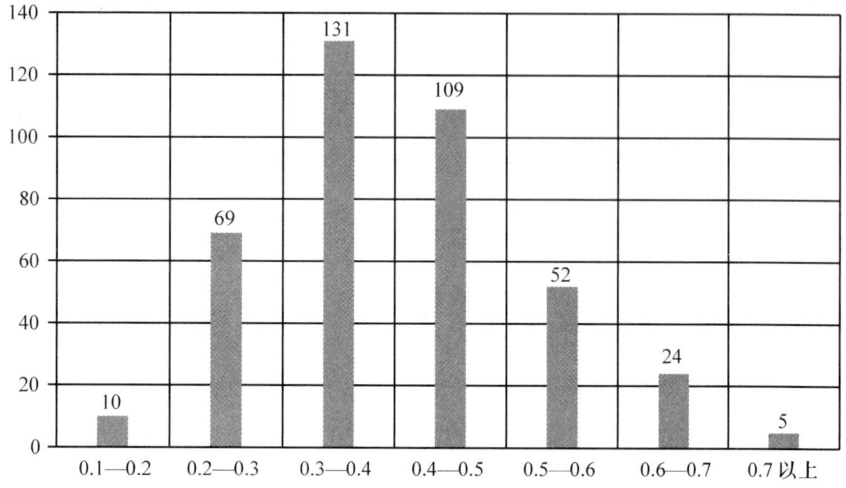

38　国家智库报告

图 2 - 2　2021 年县域文旅品牌影响力指数得分值频数分布
资料来源：笔者自制。

2. 省级层面的县域文旅品牌发展存在较大差距

将各县域的文旅品牌影响力指数聚合到省级层面后，得分较高的 10 省份的情况如表 2 - 1 所示。浙江省县域文旅品牌影响力指数为 0.5853，高出全国平均值 0.1802。山东、贵州、福建、四川、江苏五省份得分差别不大，位于第二梯队。广东、河北、河南情况类似，位于第三梯队，都存在省内得分最高的县域的得分也不太高的问题。

表 2 - 1　　2021 年县域文旅品牌影响力指数得分较高 10 省份

	2021 年平均值	区域内得分 最高县域	指数
浙江	0.5853	安吉县	0.7802
海南	0.4617	琼海市	0.4617
山东	0.4428	曲阜市	0.7041
贵州	0.4368	兴义市	0.5322
福建	0.4315	晋江市	0.6511
四川	0.4308	都江堰市	0.7199

中国县域品牌影响力报告（2021）：推动共同富裕　39

续表

	2021 年平均值	区域内得分 最高县域	指数
江苏	0.4269	昆山市	0.7028
广东	0.4074	台山市	0.5220
河北	0.3955	正定县	0.5732
河南	0.3818	林州市	0.5424

除去区域内无县域的北京、上海、天津和暂无数据的西藏、香港、澳门、台湾，省级层面的县域文旅品牌影响力指数排名。总体来看，东北地区的县域文旅品牌发展较为落后，与其他地区存在较大差距，需要重点关注。

3. 县域文旅品牌发展呈沿海分布非均衡的空间格局

表 2 - 2 展示了中国县域文旅品牌发展水平 50 强的区域分布。从地域分布上看，区域之间发展极其不均衡，东南沿海地区和西南部分地区文旅品牌影响力指数普遍较高，其中华东地区最为突出，一马当先；华中地区、西南地区的文旅品牌发展较为平稳；西北地区以及东北地区文旅发展较为落后。

表 2 - 2　　　　2021 年县域文旅品牌发展水平 50 强的区域分布

	数量	县域名称
华东地区	40	安吉县、嘉善县、曲阜市、昆山市、义乌市、荣成市、海宁市、海安市、宜兴市、玉环市、桐乡市、桐庐县、青州市、宁海县、淳安县、慈溪市、东阳市、常熟市、江山市、曹县、乐清市、余姚市、溧阳市、建德市、平湖市、诸暨市、江阴市、长兴县、缙云县、德清县、沂南县、海盐县、苍南县、象山县、永嘉县、瑞安市、莒县、温岭市、平阳县、兰陵县
华中地区	4	宁乡市、恩施市、长沙县、浏阳市

40 国家智库报告

续表

	数量	县域名称
西南地区	4	都江堰市、大理市、峨眉山市、崇州市
华南地区	1	晋江市
华北地区	1	正定县
东北地区	0	—
西北地区	0	—

（二）数据聚焦发现

1. 形象传播突出，文旅活力紧随，文旅特色平稳，吸引力略显不足

由图 2-3 可知，在县域文旅品牌影响力指数的分项指标中，

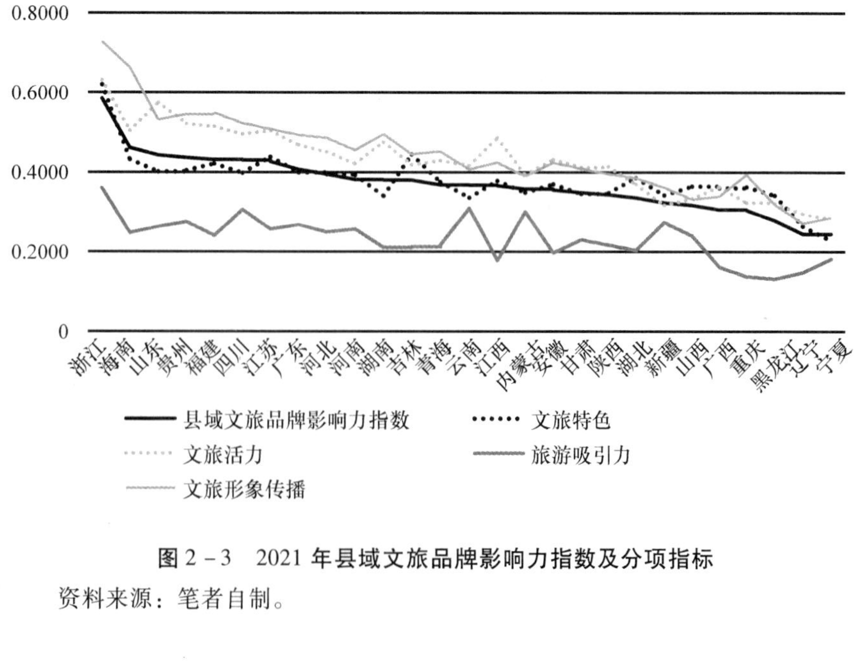

图 2-3 2021 年县域文旅品牌影响力指数及分项指标

资料来源：笔者自制。

中国县域品牌影响力报告（2021）：推动共同富裕 41

文旅形象传播得分相对较高，文旅活力紧随其后，文旅特色与县域文旅品牌影响力指数曲线基本持平，而旅游吸引力得分相对较低。

2021 年，全国县域的文旅形象传播指标平均值达到 0.4869，在县域文旅品牌影响力指数的分项指标中得分最高。由图 2－4 可知，所有县域的文旅形象传播指标大于其县域文旅品牌影响力指数，说明文化形象和旅游形象的传播在县域文旅品牌发展中起着超强的带动作用。由表 2－3 可知，全国县域文旅品牌影响力指数得分较高的 100 个县域的文旅形象传播指标平均值是 0.6936，与全国 400 个样本县域的文旅形象传播的平均值相比，高出 0.2067，说明中国县域间的文旅形象传播差距正在拉大，一大批文旅形象传播较好的县域正在崛起。由表 2－4 可知，文旅形象传播单项指标得分较高的 10 个县域分别是嘉善县、海安市、安吉县、平湖市、义乌市、海宁市、桐乡市、玉环市、昆山市、宁乡市。其中 7 个来自浙江省，2 个来自江苏省，1 个来自湖南省，可以看出，浙江省的县域文旅形象传播情况较好，值得其他省份和县域学习。

2021 年全国县域文旅活力指标的平均值是 0.4746，在分项指标中位列第 2，其曲线紧随文旅形象传播曲线，表现稍逊于文旅形象传播。由表 2－3 可知，全国县域文旅品牌影响力指数得分较高的 100 个县域的文旅活力指标平均值是 0.6599，与全国

表 2－3　　　2021 年县域文旅品牌影响力指数分项指标平均值

	县域文旅品牌影响力指数	文旅特色	文旅活力	旅游吸引力	文旅形象传播
全国县域平均值	0.4051	0.4085	0.4746	0.2503	0.4869
得分较高的 100 个县域的平均值	0.5670	0.5802	0.6599	0.4362	0.6936

42 国家智库报告

表2-4   县域文旅品牌影响力指数得分较高县域

县域文旅品牌影响力指数	文旅特色	文旅活力	旅游吸引力	文旅形象传播
安吉县（浙江）	晋江市（福建）	义乌市（浙江）	曲阜市（山东）	嘉善县（浙江）
嘉善县（浙江）	永康市（浙江）	海安市（江苏）	青州市（山东）	海安市（江苏）
都江堰市（四川）	乐清市（浙江）	昆山市（江苏）	栾川县（河南）	安吉县（浙江）
曲阜市（山东）	东阳市（浙江）	海宁市（浙江）	江山市（浙江）	平湖市（浙江）
昆山市（江苏）	桐乡市（浙江）	荣成市（山东）	安吉县（浙江）	义乌市（浙江）
义乌市（浙江）	平阳县（浙江）	曹县（山东）	都江堰市（四川）	海宁市（浙江）
荣成市（山东）	宜兴市（江苏）	玉环市（浙江）	恩施市（湖北）	桐乡市（浙江）
海宁市（浙江）	苍南县（浙江）	宁乡市（湖南）	大理市（云南）	玉环市（浙江）
海安市（江苏）	曹县（山东）	长沙县（湖南）	林州市（河南）	昆山市（江苏）
宜兴市（江苏）	浦江县（浙江）	慈溪市（浙江）	峨眉山市（四川）	宁乡市（湖南）

400个样本县域的文旅活力平均值相比，高出0.1853。由表2-4可知，文旅活力指标得分较高的10个县域分别是义乌市、海安市、昆山市、海宁市、荣成市、曹县、玉环市、宁乡市、长沙县、慈溪市，其中4个来自浙江省，2个来自江苏省，2个来自山东省，2个来自湖南省。

文旅特色在2021年的平均值是0.5802，也是与县域文旅品牌影响力指数基本持平的一项指标。从前得分较高的 100 个县域的平均值与全国县域平均值的对比来看，文旅特色指标相对平稳。由图 2 - 3 可见，400 个样本县域中文旅特色的指标分布与县域文旅品牌发展指数最为贴近，趋势较为平稳。由表 2 - 4 可知，文旅特色单项指标得分较高的 10 个县域分别是晋江市、永康市、乐清市、东阳市、桐乡市、平阳县、宜兴市、苍南县、曹县、浦江县，其中 7 个县域来自浙江省，1 个县域来自福建省，1 个县域来自江苏省，1 个县域来自山东省。浙江省数量遥遥领先，说明浙江省在县域文旅品牌打造过程中，各县域文旅特色齐发展，共同推进浙江省县域文旅品牌的发展。

旅游吸引力是分项指标中较弱的一项，从图 2 - 3 可以看出，旅游吸引力的曲线远低于其他指标曲线，且县域间的旅游吸引力指标差异较大，得分较高的 100 个县域的平均值与全国县域平均值的差距也十分明显。由此可见，各县域在旅游吸引物、美景美食、全域旅游的表现上存在较大差距。该项指标得分较高的 10 个县域分别是曲阜市、青州市、栾川县、江山市、安吉县、都江堰市、恩施市、大理市、林州市、峨眉山市，其中 2 个县域来自山东省，2 个县域来自河南省，2 个县域来自浙江省，2 个县域来自四川省，1 个县域来自湖北省，1 个县域来自云南省。这类历史文化深厚、自然风景秀丽的县域，在县域文旅品牌发展的吸引力方面占据很大优势。

2. 县域文旅品牌影响力与县域品牌呈正相关

由图 2 - 4 的 BIIC 乘幂趋势线可见，2021 年中国县域的 BI-IC 走向是一条较为平稳的曲线，只在得分较高的县域中存在较大的区分度，大部分县域的县域品牌影响力指数集中在 0.2—0.4。此外，县域文旅品牌影响力指数的曲线走向与 BIIC 呈现高度的一致性。由此可见，县域的文旅品牌影响力与县域品牌之间呈正相关。从数值上看，除了低分段县域，其他县域的文旅品牌影响力指数均高于县域品牌影响力指数，但大多数也集中在 0.2—0.4。

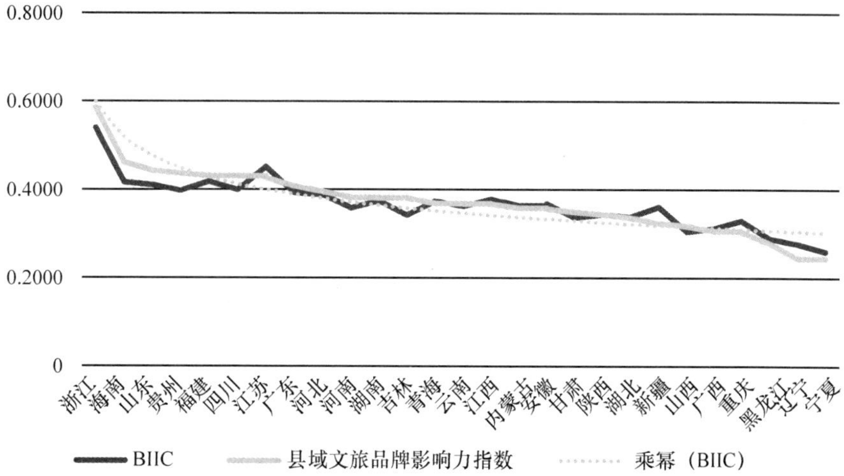

图 2 - 4　2021 年县域文旅品牌影响力指数与县域品牌发展趋势

资料来源：笔者自制。

由表 2 - 5 可知，只有一半的县域的 BIIC 得分和文旅品牌影响力指数得分都较高。由此可见，县域文旅品牌发展与县域品牌建设息息相关，只有充分发展县域的文化和旅游品牌，丰富县域文旅形象，塑造县域独特的文旅标识，才能使县域品牌更好地立起来。

表 2 - 5　　2021 年 BIIC 得分较高县域及其文旅品牌影响力指数

	BIIC	县域文旅品牌影响力指数
昆山市	0.7232	0.7028
安吉县	0.6953	0.7802
义乌市	0.6685	0.6867
嘉善县	0.6318	0.7357
常熟市	0.6116	0.6278
江阴市	0.6093	0.5905

续表

	BIIC	县域文旅品牌影响力指数
张家港市	0.6074	0.5460
德清县	0.6028	0.5845
海宁市	0.6022	0.6810
桐乡市	0.6020	0.6700

3. 旅游吸引力呈偏态分布，其他呈正态分布

通过 SPSS 软件绘制县域文旅品牌影响力指数的各分项指标直方图（见图 2 - 5），可以发现文旅特色、文旅活力、文旅形象

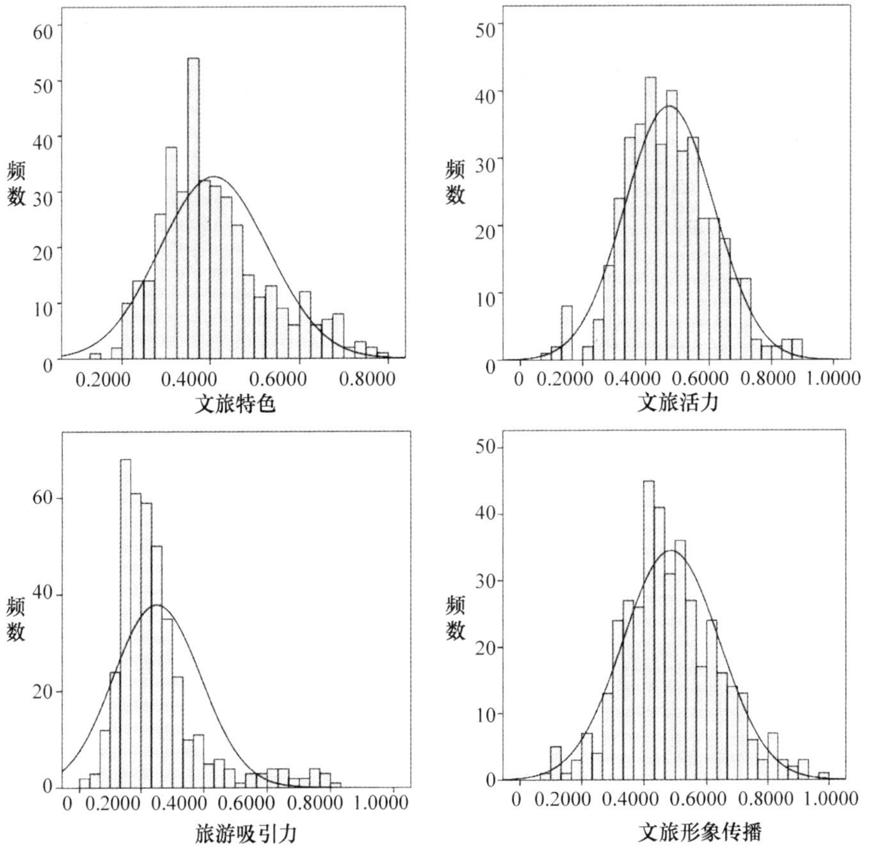

图 2 - 5　中国县域文旅品牌影响力指标频数分布

资料来源：笔者自制。

传播三项指标均呈正态分布的态势。在文旅特色方面，大部分县域的得分值都在 0.3—0.5，得分在 0.2 以下或 0.8 以上的城市均较少。在文旅活力和文旅形象传播方面，大部分县域的得分值为 0.4—0.6。由此可见，文旅特色、文旅活力、文旅形象传播三类指标分布较为均衡，得分过低或过高的城市均较少。

旅游吸引力呈偏态分布的态势，其频数分布大多集中于左侧，大部分城市得分为 0.1—0.3。由此可见，当前中国县域旅游吸引力指数得分普遍偏低且过度集中，这类指标是县域文旅品牌发展需要改善的重点方面。

（三）县域文旅品牌影响力头部阵营点评

1. 安吉县

浙江省湖州市安吉县，2021 年县域文旅品牌影响力指数为 0.7802，位列全国第 1；品牌影响力总指数为 0.6953，位列全国第 2。2005 年，时任浙江省委书记习近平在安吉提出了"绿水青山就是金山银山"的科学论断，安吉成为"绿水青山就是金山银山"理念的发源地。安吉县内旅游资源丰富，素有"中国竹乡"之称，竹海密布其中，是避暑之胜地。浙北大峡谷、野人谷、藏龙百瀑深幽静谧，大竹海、竹博园翠竹密布，曾是奥斯卡大奖影片《卧虎藏龙》、影视剧《像雾像雨又像风》的拍摄基地。

2. 嘉善县

浙江省嘉兴市嘉善县，2021 年县域文旅品牌影响力指数为 0.7357，位列全国第 2；品牌影响力总指数为 0.6318，位列全国第 4。嘉善县地处长三角城市群核心区域，是浙江省接轨上海第一站，是全国综合实力 100 强县之一，历史文化悠久，江南水乡特征明显，县内既有"吴根越角"之称的5A级景区西塘古镇，也有著名人文景观吴镇纪念馆，还有现代化旅游度假区歌斐颂巧克力小镇。嘉善县积极探索智慧旅游发展之路，开发了"云游嘉善"平台，提升游客旅游体验。

3. 都江堰市

四川省都江堰市，2021年县域文旅品牌影响力指数为0.7199，位列全国第3，是西南地区唯一入围文旅品牌40强的县；品牌影响力总指数为0.5437，位列全国第30名，说明文旅品牌是都江堰整体品牌的亮点，文旅产业发挥了极其重要的带动作用。都江堰简称"灌"，是一座具有2000多年建城史，因堰而起、因水而兴的城市，县域内山、水、林、堰、桥浑然一体，体现城中有水、水在城中、"灌城水色半城山"的布局特色，为此有着"拜水都江堰、问道青城山"之美誉。

4. 曲阜市

山东省曲阜市，2021年县域文旅品牌影响力指数为0.7041，位列全国第4；品牌影响力总指数为0.5039，位列全国第48名，说明曲阜的强势品牌为文旅品牌。曲阜古为鲁国国都，旅游资源丰富，文化底蕴厚重，是国务院首批公布的全国24个历史文化名城之一，入选第一批中国优秀旅游城市。境内拥有3A级以上景区14个，世界文化遗产孔庙、孔府、孔林"三孔"历久弥新，尼山圣境、孔子博物馆、孔子研究院"新三孔"蒸蒸日盛。

5. 昆山市

江苏省昆山市，2021年县域文旅品牌影响力指数为0.7028，位列全国第5；品牌影响力总指数为0.7232，位列全国第1，其创新品牌影响力指数和品牌传播影响力指数均位列全国第 1，综合实力强。昆山市内的亭林公园融自然景物与名胜古迹于一体，玉峰山"百里平畴，一峰独秀"；千年古镇锦溪被誉为"中国第一博物馆之乡"；古镇周庄以"中国第一水乡"闻名海内外，赵陵山良渚文化遗址被誉为 1992 年中国十大考古发现之一。昆山市将资源优势转为发展优势，做实、叫响、擦亮品牌形象，协同提升品牌整体竞争力，形成稳定发展趋势。

（四）县域文旅品牌发展的问题与挑战

1. 区域发展不平衡，浙江模式未得到有效推广和学习

中国县域文旅品牌区域发展极其不平衡，除东南部沿海和部分西南省份发展较好，西北地区以及东北地区县域文旅品牌发展十分落后。位于领先地位的浙江省，其山地和丘陵占 74.63%，有着"七山一水二分田"的说法，与山地占比较大的西北地区等地地理条件有相似之处。浙江省的县域文旅品牌发展在全国处于遥遥领先地位，如何立足于浙江省的实践，形成可借鉴可复制的县域文旅品牌来提升"浙江模式"，带动落后区域提升旅游品牌发展水平，是当前亟待解决的难题。

2. 文旅特色对文旅品牌贡献度低，传播能力有待加强

部分县域的文旅特色指数得分较高，但是文旅品牌影响力指数得分却不理想，说明县域文旅特色并未发挥其应有的作用，文旅特色并未向吸引力、活力、传播力转化。比如，福建省晋江市的文旅特色指数得分较高，其他分项指数得分却较低。如何将县域的文旅特色转化为品牌优势，加大文旅特色资源的营销传播力度，是县域文旅品牌发展的一大问题。

3. 旅游吸引力不足，文旅资源开发和利用效率低

通过前文分析，旅游吸引力相较于其他分项指标得分最低，

县域间差异最大，是文旅品牌发展过程中的薄弱环节，旅游吸引力包括旅游吸引物、美景美食、全域旅游三个指标，这三个指标均与文旅资源开发和利用后的二次资源有关，说明文旅资源有待进一步开发和利用。

（五）县域文旅发展路径与展望

1. 借鉴成功模式，创新特色发展

一是历史名城成就文化典范。都江堰市"以文塑魂"，构建大文化矩阵。坚持将文化作为旅游城市建设的"魂"，统筹各级各类文化遗产保护和城市更新，体现城市人文温度和历史厚度。开展世界文化遗产保护提升工程，优化完善世界遗产保护体制机制。抓好古迹遗址开发，推进文物建筑的修缮保护，传承发扬非物质文化遗产。积极推动建设高品质文博场馆项目，建立以水利工程、大熊猫国家公园、文庙国学基地为核心的三大研学基地，打造一批文化打卡点。

二是绿水青山就是金山银山。三面环海，岬湾相连，千里海疆风光旖旎；古韵新风，热土涵芳，渔家文化源远流长。千里海岸线，既是一幅山水画，也是一条旅游链。作为滨海城市，荣成市的生态环境得天独厚，全年空气质量优良天数占比90%以上，近海水质始终保持国家二类标准以上。习近平总书记说过，绿水青山就是金山银山。近年来，荣成市强力推进海岸线、山体、湿地等生态修复工程，恢复自然面貌，把最好的资源、最好的环境留给游客，构建了全时段、全季节、全地域、全覆盖的旅游发展格局，全面释放文化和旅游产业发展潜力，县域内旅游建设成果遍地开花。

三是商旅赋能打造国际品牌。义乌市通过"商务旅游＋丝路文化"引爆文旅消费新体验、引领制造有创意的文化产品来增加文旅消费新供给、串珠成链打造唐诗之路构建文旅消费新

场景、招引文旅地标项目构筑文旅消费新支撑。通过四大举措，义乌市着力培育了一批文旅消费集聚区、示范项目、示范产品，全力打造了一批拥有较高知名度、美誉度的文旅放心消费品牌。

四是文旅融合促进商旅消费。在成功模式的引领下，其他县域发展还要在此基础上有所创新。以文融旅，形成巨大的品牌效应。根据文化优势，提炼出符合县域的地域形象口号和品牌，将文化品牌打造成最鲜明的地域标识。以旅载文，形成显著的经济效益。通过旅游来承载和体现文化，实现文化资源的经济价值。各县域应继续探索文旅发展的可持续模式。

2. 完善营销矩阵，多手段合力营销

从前文的数据分析可知，当前中国城市文旅品牌得分指标中，文旅营销传播得分情况不够理想。立足于信息化时代背景，各城市应广泛开拓城市文旅品牌营销渠道，完善文旅营销的融媒体矩阵。县域可通过规划落地一批文旅项目、升级一批文旅产品、开发一个县域文旅地图小程序、培植一组"地标建筑"、培育一批"本土网红"文旅产品和打卡地代言人、共建一组县域文旅黄金线路、形成一股县域网络热潮等，夯实营销矩阵成果。借助融媒体整合营销的方式，对县域文旅品牌全方位提档升级，拉动流量提升，引导流量变现，为县域文旅发展注入新的内生动力和活力。通过节目搭建平台，汇聚文旅专家，对接开发项目，联合新媒体营销，发掘培育网红，构建电商渠道，使之成为县域文旅宣传推广的强劲引擎及资源聚合的优质平台。

3. 深挖文旅资源，打造独有品牌

现在是信息大爆炸时代，传播渠道和效率大大提高，有的旅游区，往往因为一首歌、一首诗或者一次隆重的活动而得名，缩短了品牌走红的周期。所以，一些文旅资源丰富、有待开发的县域，要有品牌意识，IP塑造尤为重要。根据IP品牌推广打

造经验，县域文旅应根据地方独有的资源，挖掘打造富有文化内涵的 IP 品牌，为一方水土植入永恒记忆。可以通过申报一些有影响力的榜单，共享流量红利。如中国最美县域、中国最美古村落、中国候鸟小城等国内知名文旅网红榜单，这些 IP 有着鲜明的时代特征，能够得到权威部门的高度重视、大量的媒体报道曝光率和关注人群流量，是县域快速打造 IP 的一种良好方式。还可以与一些专业机构和专家智库举办研讨会、论坛或文旅方面相关活动，共同探讨旅游资源开发、文化内涵挖掘、亮点提炼、品牌打造，通过各方的论证，找到县域最亮丽的 IP 闪光点，并将其塑造成为著名文旅 IP 品牌。

三 县域创新品牌影响力
指数报告（2021）

实施创新驱动发展战略，基础在县域，活力在县域，难点也在县域。新形势下，支持县域开展以科技创新为核心的全面创新，是打造发展新引擎、培育发展新动能的重要举措。创新品牌的建设是县域经济发展的重要无形资产，良好的创新品牌影响力可以赋能县域经济社会发展，提升县域经济的竞争力。

本部分主要从经济基础、创新活力、创新潜力和创新发展声望四个方面对中国县域创新品牌影响力指数进行系统性综合评价。首先，经济基础是县域创新品牌的资源基础，其细分指标包括经济规模、财政能力、政府治理；其次，创新活力反映县域创新的活跃程度，其细分指标包括载体质量、市场活力、产业质量；再次，创新潜力主要指县域创新的资源和能力，其细分指标包括金融资源、创新绩效、平台与设施；最后，创新发展声望是县域创新品牌声誉的重要体现，其细分指标包括创新创业口碑和营商环境声望。

（一）总体发展情况分析

1. 创新发展声望带动县域创新品牌影响力作用更强

从全国县域创新品牌影响力指数及其分项指标的平均值来看，县域创新品牌影响力指数平均值为 0.2999，经济基础指数平均值为 0.2470，创新活力指数平均值为 0.2271，创新潜力指数平均值为 0.2528，创新发展声望指数平均值为 0.4726。其中，创新发展声望指数平均值远超县域创新品牌影响力指数，也是 4 个分项指标中唯一超过县域创新品牌影响力指数的分项指标，这说明创新发展声望带动县域创新品牌影响力作用更强。

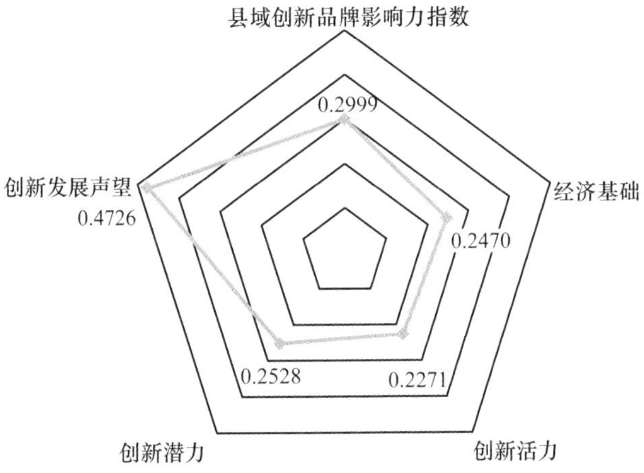

图 3-1　县域创新品牌影响力指数及分项指标平均值

2. 县域创新品牌影响力呈偏态分布，大部分集中在 0.2—0.4，整体水平偏低

将 400 个样本县域创新品牌影响力指数得分划分为 7 个得分区间，通过计算其不同区间县域数量可知，县域创新品牌影响力指数得分在 0.2—0.4 的最为集中，在该区间内的样本数有 332 个，占据样本总量的 83%，创新品牌影响力指数高于 0.6 分以上的县域仅有 2 个，县域创新品牌影响力呈偏态分布，这说明样本县域整体创新品牌影响力偏低。

3. 江浙地区一举包揽创新品牌县域 10 强

400 个样本县域中，创新品牌影响力指数得分较高的 10 个县域依次为昆山市、张家港市、义乌市、常熟市、江阴市、太仓

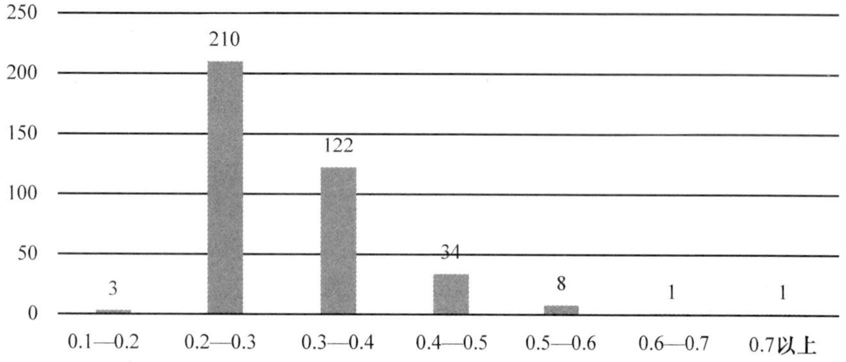

54　国家智库报告

图 3-2　县域创新品牌影响力指数频数分布

市、海安市、丰县、慈溪市、嘉善县。这10个县域均属于江浙
地区，由此可见，江浙地区县域创新品牌建设具有显著优势。
其中，昆山市创新品牌影响力指数得分超过0.7，达到0.7239，
是这10个县域中唯一突破0.7的县域；张家港市创新品牌影响
力指数得分超过0.6，达到0.6006，相比于昆山市还是有一定
差距。其余8个县域创新品牌影响力差距不大，均处于0.5—
0.6分。

表 3-1　　县域创新品牌影响力指数得分较高的 10 个县域

	省份	城市	创新品牌 影响力指数	经济 基础	创新 活力	创新 潜力	创新发展 声望
昆山市	江苏	苏州市	0.7239	0.8354	0.4037	0.8231	0.8334
张家港市	江苏	苏州市	0.6006	0.6702	0.3735	0.5968	0.7622
义乌市	浙江	金华市	0.5912	0.4624	0.3848	0.6089	0.9088
常熟市	江苏	苏州市	0.5740	0.5917	0.4763	0.5318	0.6961
江阴市	江苏	无锡市	0.5517	0.7327	0.2964	0.4834	0.6943
太仓市	江苏	苏州市	0.5268	0.5598	0.3427	0.5239	0.6809
海安市	江苏	南通市	0.5238	0.4539	0.3930	0.3506	0.8977
丰县	江苏	徐州市	0.5235	0.3466	0.2972	0.4505	0.9996

中国县域品牌影响力报告（2021）：推动共同富裕　55

续表

	省份	城市	创新品牌影响力指数	经济基础	创新活力	创新潜力	创新发展声望
慈溪市	浙江	宁波市	0.5097	0.5334	0.3576	0.4513	0.6964
嘉善县	浙江	嘉兴市	0.5067	0.4198	0.3514	0.4567	0.7988

4. 各个省份间县域创新品牌影响力存在明显鸿沟

各个省份之间的县域品牌影响力存在明显差距。其中，县域品牌影响力平均值最高的省份为浙江，达到 0.4145；平均值最低的为宁夏，平均值为 0.1658，极差达到 0.2487。同时，平均值超过 0.3 的省份有浙江、江苏、福建、山东和江西，平均值低于 0.2 的仅有宁夏。总体来看，东部沿海地区整体县域创新品牌影响力指数得分最高。

5. 不同省份内县域创新品牌影响力存在明显差距

从表 3－2 中可以看出，不同省份内部，各县域的创新品牌影响力存在明显差异。其中，省份内部差异最大的是江苏，极差达到 0.5176，创新品牌影响力指数最高的县域为昆山市；省份内部差异最小的是黑龙江，极差达到 0.0437，创新品牌影响力指数最高的县域为宾县。总体来看，极差高于 0.2 的省份有 9 个，极差小于 0.1 的省份仅有 4 个。可见，不同省份内县域创新品牌影响力也存在明显差距。

表 3－2　　　　　　不同省份内县域创新品牌影响力状况

	创新品牌影响力平均值	区域内得分最高县	品牌影响力	区域内极差
江苏	0.3756	昆山市	0.7239	0.5176
吉林	0.3212	延吉市	0.5517	0.3543
浙江	0.4111	义乌市	0.5912	0.3462

续表

	创新品牌影响力平均值	区域内得分最高县	品牌影响力	区域内极差
湖北	0.2447	天门市	0.4138	0.3216
山东	0.3103	寿光市	0.4273	0.3020
福建	0.3088	晋江市	0.4684	0.2920
内蒙古	0.2607	准格尔旗	0.3828	0.2302
安徽	0.2926	肥西县	0.3832	0.2191
河北	0.2918	三河市	0.4278	0.2054
湖南	0.2785	长沙县	0.4004	0.1997
云南	0.2608	大理市	0.3725	0.1902
辽宁	0.2254	海城市	0.3167	0.1805
陕西	0.2632	神木市	0.3525	0.1661
四川	0.2924	都江堰市	0.3715	0.1650
江西	0.2776	南昌县	0.3409	0.1631
山西	0.2229	怀仁市	0.2883	0.1486
河南	0.2577	兰考县	0.3352	0.1317
广东	0.2775	博罗县	0.3363	0.1215
宁夏	0.2053	灵武市	0.2593	0.1080
广西	0.2223	横州市	0.2641	0.0789
贵州	0.2840	仁怀市	0.3065	0.0558
新疆	0.2790	石河子市	0.2987	0.0543
黑龙江	0.2136	宾县	0.2377	0.0437

6. 浙江、江苏、福建"以少胜多",100个创新品牌县域优势显著

如图 3-3 所示,所占县域样本数量较多的 10 个省份依次为山东、江苏、浙江、河南、安徽、湖北、湖南、福建、河北、四川。进一步对比不同省份的样本县域所占比例与得分较高 100 个县域所占比例可以发现,浙江、江苏、福建 3 个省份的县域

在得分较高 100 个县域所占比例超过本区域样本县域所占比例，县域创新品牌影响力优势显著，尤其是浙江，县域样本数量仅占 9.5%，在得分较高 100 个县域中占到了 34%，表现尤为亮眼。

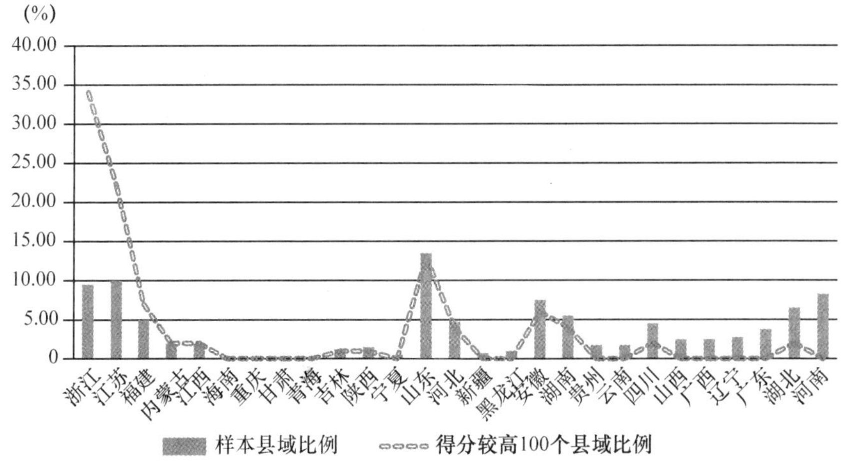

图 3-3　不同省份样本县域与得分较高 100 个县域占比对比

（二）数据聚焦发现

1. 县域集聚发展正向促进创新品牌发展

根据 400 个样本县域的人口规模分布概况，大致可划分为 3 个区间，分别为 50 万人以下（101 个）、50 万—100 万人（225 个）、100 万人以上（74 个）的县域。通过对不同规模县域创新品牌得分平均值的分析发现（见图 3-4），县域人口规模越大，其创新品牌效应越明显，说明县域规模的增加有利于推动县域创新品牌影响力的提升。

2. 科技创新有利于实现县域共同富裕

将 400 个样本县域的发明专利数量划分为 5 个区间，其中，发明专利数量多于 2000 个的县域创新品牌影响力指数得分平均

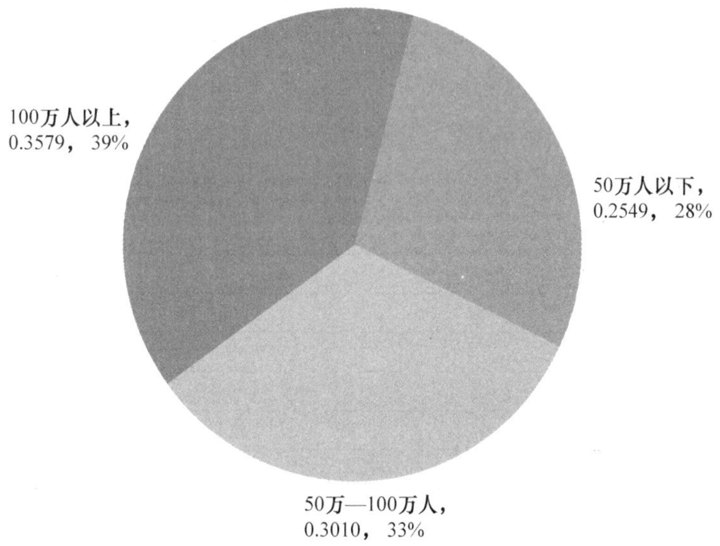

58　国家智库报告

100万人以上，
0.3579，39%

50万人以下，
0.2549，28%

50万—100万人，
0.3010，33%

图 3 - 4　不同人口规模县域创新品牌影响力指数得分平均值

值为 0.528，发明专利数量处于（1001，2000）的县域创新品
牌影响力指数得分平均值为 0.4383，发明专利数量处于（501，
1000）的县域创新品牌影响力指数得分平均值为 0.3676，发明
专利数量处于（100，500）的县域创新品牌影响力指数得分平
均值为 0.2950，发明专利数量少于 100 个的县域创新品牌影响
力指数得分平均值为 0.2543（见图 3 - 5）。通过分析不同区间
县域的创新品牌影响力指数平均值可知，发明专利数量越多的
区间，带动品牌指数提升的作用越显著。可见，科技创新是提
高全要素生产率的关键动力。作为引领高质量发展的第一动
力，科技创新不仅是促进县域创新品牌发展的主要驱动，更
是促进县域协调发展、实现共同富裕的重要抓手。

3. 服务型县域创新品牌影响力更有优势

按产业结构分组，第二产业占比大于 50% 的（110 个）县
域，定义为工业型经济为主的县域，其创新品牌影响力指数得

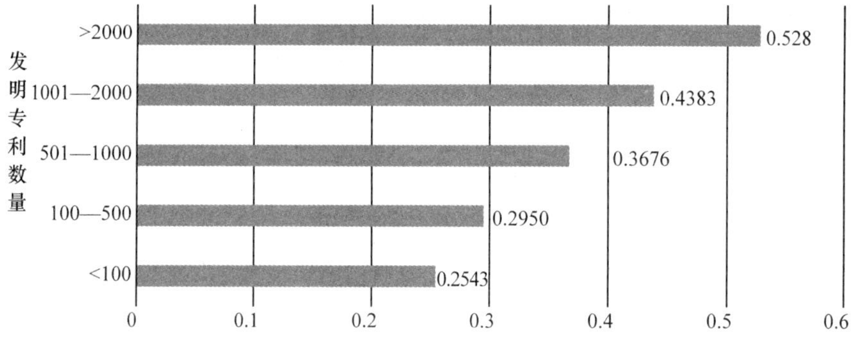

中国县域品牌影响力报告（2021）：推动共同富裕 59

图 3-5 不同发明专利县域创新品牌影响力指数得分平均值

分平均值为 0.3116；第三产业占比大于 50%（96 个）的县域
定义为服务型经济为主的县域，其创新品牌影响力指数得分
为 0.3138（见图 3-6）。对比这两类县域的创新品牌影响力
指数得分平均值可知，服务型县域创新品牌优势更为突出。

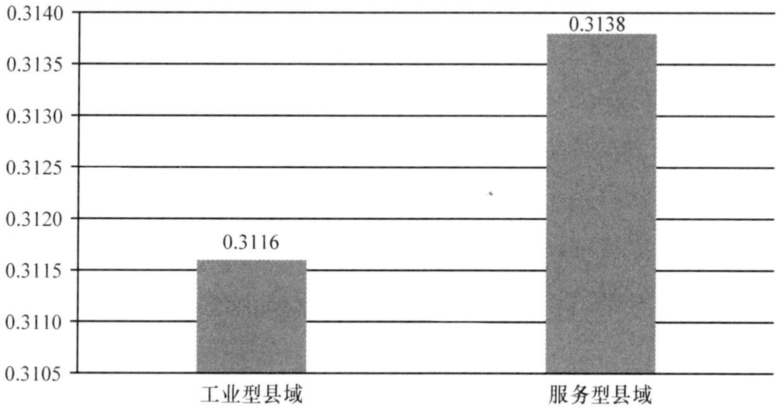

图 3-6 工业型和服务型县域的创新品牌影响力指数得分平均值

（三）县域创新品牌影响力头部阵营点评

1. 昆山市

江苏省昆山市，2021 年县域创新品牌影响力指数为 0.7239，
县域品牌影响力总指数为 0.7232。近年来，昆山市坚持创新转

60 国家智库报告

型，发展提质增效，以体制机制创新"动能"，不断提升创新"势能"，充分释放创新"潜能"，昆山市不断刷新产业发展的底色，在创新能力跃升、产业转型升级、经济结构优化等方面不断取得突破，全力以赴推动经济运行在高平台上行稳致远。

2．张家港市

江苏省张家港市，2021年县域创新品牌影响力指数为0.6006，县域品牌影响力总指数为0.6074，近年来，张家港市着力推动产业链、创新链、供应链"三链"高质量发展，把创新作为本市向社会传递的新名片，通过串联上下游企业，打造具有全局性的产业链、创新链和供应链，通过龙头带动、人才驱动、平台联动，塑造抱团发展、互补共赢的发展新格局。

3．义乌市

浙江省义乌市，2021年县域创新品牌影响力指数为0.5912，县域品牌影响力总指数为0.6685。义乌市的科技创新发展围绕高质量、高水平建成世界小商品之都的总目标，聚焦新动能培育主线，确立自立自强、创新强市首位战略，着力构建科技创新"四梁八柱"，坚持企业创新主体地位，以传统工贸产业升级、创新型产业集群建设为双轮驱动，大力推进产业科技创新、数字贸易创新、新产品创新。义乌市以建设国家创新型城市为科技发展的中心定位，立足义乌优势和城市战略，将创新体系提升全面融入"两个样板"城市建设，大力开展协同创新、重大关键技术联合攻关，以产业链、创新链深度融合不断提升区域创新引领和带动能力，成为浙中科创大走廊的主力军。

4．常熟市

江苏省常熟市，2021年县域创新品牌影响力指数为0.5740，县域品牌影响力总指数为0.6116。常熟市作为江苏省科技综改试点市和国家首批创新型县市，在科技创新引领产业转型升级的过程中，通过产业链、创新链融合引领常熟市产业高质量发展。一是赋能科技管理，以绩效考核促进创新落地。为努力营造创先争优竞相发展的良好氛围，常熟市不断完善考核评价体系，强化和整合科技管理工作职能，凝聚改革创新强大合力。二是培育高端产业，以科技创新推动产业发展。常熟市属于典型的"依托专业化分工协作和产业集群"模式，近年来坚持集聚高端要素，培育高端产业，打通"科技强"到"产业强"通道。三是推动机构建设，以制度创新促进科技创新。新型研发机构作为一种制度创新，凭借灵活的管理和运行机制，正成为推动常熟市科技创新发展的一大力量。

5．江阴市

江苏省江阴市，2021年县域创新品牌影响力指数为0.5517，县域品牌影响力总指数为0.6093。江阴市作为全国县域经济发展的一面旗帜，近年来，坚持创新驱动发展的理念，坚持先进制造业与现代服务业"双轮驱动"，成功探索出科技与经济紧密结合的发展模式。目前在创新载体上，江阴市汇聚了多家国家工程技术研究中心、国家企业技术中心、诺贝尔奖得主研究院、院士工作站和省级工程技术研究中心，并引入了多位诺贝尔奖得主和国家级专家；在培育主导产业上，打造出具有国际竞争力的高档纺织服装面料、特种金属制品及新材料两个千亿级支柱产业，正在加快布局发展一批战略性新兴产业，建设一流的国际化开放园区。

（四）县域创新发展对策与建议

1．以创新驱动发展为引领，促进县域经济发展提质增效

在现代化建设的新征程中，县域发展要贯彻新发展理念，

努力融入国家和省市战略布局，以创新驱动发展为引领，加快高质量发展，实现跨越式发展。一是注重产业的集聚发展，产业的集聚发展可以降低上下游企业的沟通和交流成本，减少信息失真的程度，对于提高县域的创新效率具有正向促进作用。二是重视以企业为主的创新载体的建设，以企业为主体，建立产、学、研相结合的科技创新机制，建立企业技术平台，加大对企业的科技投入。三是加强县域科技人才队伍建设，加强科技人才的培育和引进，充分发挥人才的作用和能力，健全人才信息库，为企业和人才搭建"供需"桥梁。

2. 以品牌建设为抓手，赋能县域产业蓬勃发展

县域创新品牌影响力是赋能县域产业发展的重要抓手，大力推动县域创新品牌影响力的提升，一是要以产业为承载、企业为主体、技术为核心，塑造县域良好的创新创业氛围和口碑；二是要培育健康的营商环境，为产业的延展、企业的蓬勃发展提供良好的土壤；三是始终抓住创新品牌这个市场"牛鼻子"，根据当地实际情况建立一套完整的、科学的品牌策略，把品牌与产业融为一体，提升品牌产品在行业的知名度和影响力。

3. 以科技创新为根基，助力县域实现共同富裕

县域作为国民经济发展和统筹城乡经济社会发展的基本单元，是经济发展的动力源泉。抓好县域创新品牌建设，夯实科技创新根基，是落实共同富裕目标的重要抓手。具体而言，一是推动有条件的县制定创新发展规划，在科技管理、知识产权运用和保护、人才吸引等方面探索先行先试改革措施；二是对基础较薄弱、创新能力不足的县域，加大帮扶工作力度，细化政策、人才、技术等帮扶内容，推动其创新能力尽快跃升；三是强化科技改善民生的总体思路，要把满足人民对美好生活的向往作为科技创新的落脚点，把惠民、利民、富民、改善民生作为县域科技创新的重要方向。

四　县域宜居品牌影响力指数报告（2021）

当县域发展已满足人民的基础居住需求，人们便开始追求将县域持续打造为安居乐业、高品质生活的美好家园。人民安居乐业是县域经济社会发展的根本目的，它符合乡村振兴战略，满足了人民对美好生活的向往，真正将以人民为中心落到实处。在此基础上，县域发力打造宜居品牌，可对内推动宜居品牌建设，对外吸引人才、整合资源，具有重大意义。从夯实经济发展基础到活跃社会氛围，从保障基本社会服务到保护绿色生态，中国县域的宜居品牌发展建设正稳步前进。

本部分聚焦于中国县域宜居品牌影响力指数，运用宜居基础、社会活力、民生质量和生态环境四个二级指标进行综合评价，为县域宜居品牌的建设提出建议。首先，宜居基础下设维度包括居民收入、基础设施及宜居口碑，反映了构建宜居品牌的物质基础及县域宜居元素被公众知晓的广度和深度，体现了宜居品牌的可识别度和整体评价。其次，社会活力反映了县域的创新氛围和人才吸引力，是县域真正实现长足发展、人民安居乐业的动力源泉。再次，民生质量涵盖了教育、医疗、低保支出等社会服务保障指标，是政府与社会为居民生活品质提供的一颗"定心丸"。最后，生态环境体现了县域的生态建设和环境保护成效，由环境质量、生态保护和绿色生态口碑共同构成。

（一）总体发展情况分析

1. 中国县域宜居品牌发展总体特征

第一，中国县域宜居品牌整体水平较低，发展不均衡现象突出。通过数据分析可以看出，2021年中国县域宜居品牌影响力指数平均值为0.3755，略低于县域品牌影响力总指数平均值（0.3948），在文旅品牌影响力指数（0.4051）、创新品牌影响力指数（0.2999）、宜居品牌影响力指数、品牌传播影响力指数（0.5483）这四项指标中排名第3。其中位数为0.3609，中位数、平均值均不足0.5。在400个样本县域中，228个县域位于全国县域宜居品牌影响力指数平均值之下，比例为57%。从结构上看，样本基本呈正态分布。如图4-1所示，县域宜居品牌得分在0.2—0.5的最为集中，在该区间内的样本数有349个，占据样本总量的87.25%。可见，宜居品牌发展水平较低的县域数量多。

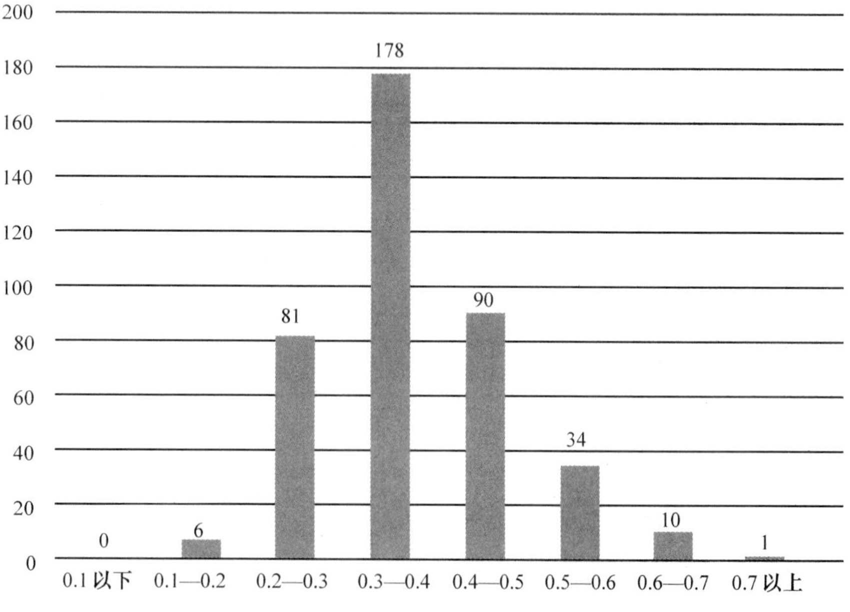

图4-1　2021年县域宜居品牌影响力指数得分值频数分布
资料来源：笔者自制。

2021 年，中国前 20 名县域宜居品牌影响力指数平均值
（0.6164）与后 20 名县域宜居品牌影响力指数平均值（0.2109）
的差距较大，呈两极分化现象。特别是第 1 名（浙江省安吉市，
指数得分 0.7459）与最后 1 名（湖北省京山市，指数得分
0.1631）县域宜居品牌影响力指数差距巨大。得分在 0.6 分以
上的头部县域有 12 个，仅占总体的 3%；而 0.3 分以下的尾部
县域有 87 个，占比达 21.8%，为头部县域数量的 7.25 倍。如
何改善宜居品牌建设与发展的不平衡、不充分现象，提升中国
县域的整体宜居水平，是各县域亟待解决的关键问题。

第二，南北差异较大，南方县域宜居品牌发展程度整体强
于北方。指数得分较高的 10 个县域均位于南方，平均得分
0.6495，远高于全国指数平均值（0.3755）。指数得分较高的
50 个县域，除内蒙古自治区伊金霍洛旗、山东省荣成市、河北
省三河市、山东省诸城市外，皆为南方县域。

2. 区域发展特征

一是，中国县域宜居品牌发展水平呈"华东地区突出，西
南、华北、华南地区平稳，西北、华中地区落后，东北地区塌
陷"的格局。由图 4 - 2 可见，中国县域宜居品牌七大区域发展
水平以四级梯度递减。表 4 - 2 是 2021 年中国县域宜居品牌影
响力指数特征的区域描述。结合图 4 - 2 和表 4 - 2 分析，从地
域分布上看，中国七大区域的县域宜居品牌发展水平从高到低
依次是华东、西南、华北、华南、西北、华中、东北地区，呈
"华东地区突出，西南、华北、华南地区平稳，西北、华中地区
落后，东北地区塌陷"的格局，区域之间发展极其不均衡。其
中华东地区县域宜居品牌影响力指数最高，指数平均值高
达 0.4233。

66 国家智库报告

表 4 - 1　2021 年中国县域宜居品牌影响力指数得分较高的 10 个县城

	省份	城市	宜居品牌	宜居基础	社会活力	民生质量	生态环境
安吉县	浙江	湖州市	0.7459	0.6910	0.7618	0.6695	0.8614
诸暨市	浙江	绍兴市	0.6704	0.6831	0.7495	0.5831	0.6658
德清县	浙江	湖州市	0.6696	0.6940	0.7409	0.5980	0.6455
义乌市	浙江	金华市	0.6573	0.6543	0.7784	0.5210	0.6753
昆山市	江苏	苏州市	0.6515	0.7046	0.8142	0.4863	0.6009
嘉善县	浙江	嘉兴市	0.6316	0.7587	0.5724	0.6319	0.5634
桐乡市	浙江	嘉兴市	0.6266	0.7462	0.6471	0.5584	0.5546
宁海县	浙江	宁波市	0.6240	0.5898	0.6905	0.5663	0.6495
长兴县	浙江	湖州市	0.6154	0.4315	0.6941	0.6283	0.7078
乐清市	浙江	温州市	0.6027	0.6481	0.6084	0.5279	0.6265

表 4 - 2　　　　2021 年中国县域宜居品牌影响力指数特征

	平均值	标准差	得分较高的 50 个县域 入选数	区域内得分最高 县域	指数
华东地区	0.4233	0.0977	45	安吉县（浙江省湖州市）	0.7459
西南地区	0.3611	0.0545	0	安宁市（云南省昆明市）	0.4714
华北地区	0.3540	0.0733	1	三河市（河北省廊坊市）	0.5037
华南地区	0.3472	0.0575	1	信宜市（广东省茂名市）	0.4910
西北地区	0.3376	0.0890	1	伊金霍洛旗（内蒙古自治区鄂尔多斯市）	0.5258
华中地区	0.3241	0.0701	2	长沙县（湖南省长沙市）	0.5943
东北地区	0.2563	0.0563	0	庄河市（辽宁省大连市）	0.3745

从得分较高的 50 个县域的区域分布来看（见表 4 - 2），处

于第一梯队的华东地区遥遥领先，其亮点县域数量为 45 个，占全体亮点县域的 90%。其中为首的安吉县宜居品牌影响力指数得分为 0.7459。然而，由表 4 – 2 可知，华东地区各县域宜居品牌影响力指数标准差（0.0977）为七大区域中唯一高于全国标准差 0.0970 的区域。可见，即使是宜居表现突出的华东地区，在均衡发展方面也有很长的路要走。

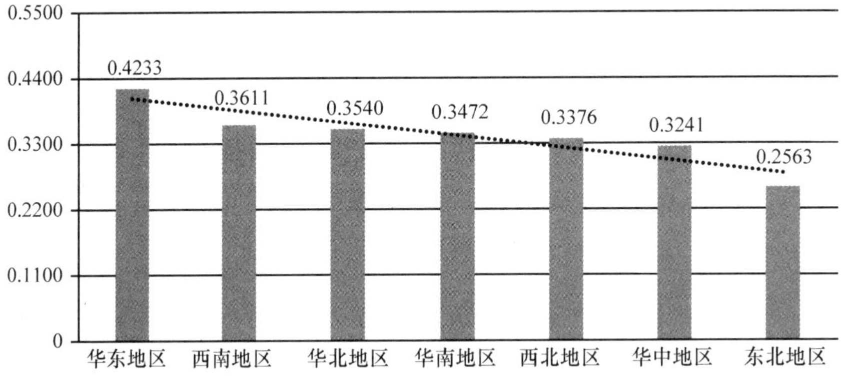

图 4 – 2　2021 年县域宜居品牌发展水平区域平均值

资料来源：笔者自制。

第二梯队的西南、华北、华南地区指数平均值得分相近，但西南、华南地区的标准差较华北地区更低。其中，西南地区指数平均值为 0.3611，且各县域得分标准差（0.0545）为七大区域中的最低值，说明虽然西南地区并未有县域入选得分较高的 50 个亮点县域，但其相比其他地区，区域宜居品牌一体化发展表现最好，整体水平较高。

东北地区仍然是全国七大区域中宜居品牌影响力指数得分最低的区域，无一县域的宜居品牌影响力指数高于全国平均值，且得分值基本集中在 0.17—0.35，远远落后于其他六个区域。东北地区仍需深入挖掘区域内资源，打造具有东北特色的宜居品牌。

68　国家智库报告

表 4 - 3　　2021 年县域宜居品牌得分较高的 50 个县域的区域分布

	数量	县域名称
华东地区	45	安吉县、诸暨市、德清县、义乌市、昆山市、嘉善县、桐乡市、宁海县、长兴县、乐清市、张家港市、江阴市、海宁市、温岭市、平湖市、东阳市、玉环市、临海市、桐庐县、嵊州市、建德市、海盐县、晋江市、溧阳市、太仓市、常熟市、新昌县、瑞安市、余姚市、句容市、邳州市、永康市、荣成市、淳安县、江山市、慈溪市、兰溪市、福清市、永嘉县、沛县、诸城市、浦江县、泰兴市、武义县、平阳县
华中地区	2	长沙县、浏阳市
西北地区	1	伊金霍洛旗
华北地区	1	三河市
华南地区	1	信宜市
西南地区	0	—
东北地区	0	—

资料来源：笔者自制。

　　通过对华东地区十大都市圈所属县域宜居品牌影响力指数平均值的分析（见图 4 - 3）可见杭州、上海都市圈的县域宜居品牌影响力指数名列前茅，远超华东地区平均值（0.4233）与全国平均值（0.3755），充分展示了发达城市对周边县域宜居水平发展的直接带动作用。

　　二是省级层面的县域宜居品牌发展水平不协调，非头部省域的发展动力不足。将各县域的宜居品牌影响力指数聚合到省级层面后，得分较高的 10 个省份情况如表 4 - 4 所示。浙江省下辖县域宜居品牌影响力指数平均值为 0.5489，高出华东地区平均值 29.67%，高出全国平均值 46.18%。得分较高的 50 个县域中，浙江省占据 31 席，遥遥领先于其他省份。江苏省下辖县域宜居品牌表现紧随其后，可见江浙沪地区各县域宜居品牌整体表现强势，带动作用明显。福建、河北、内蒙古、广东位于

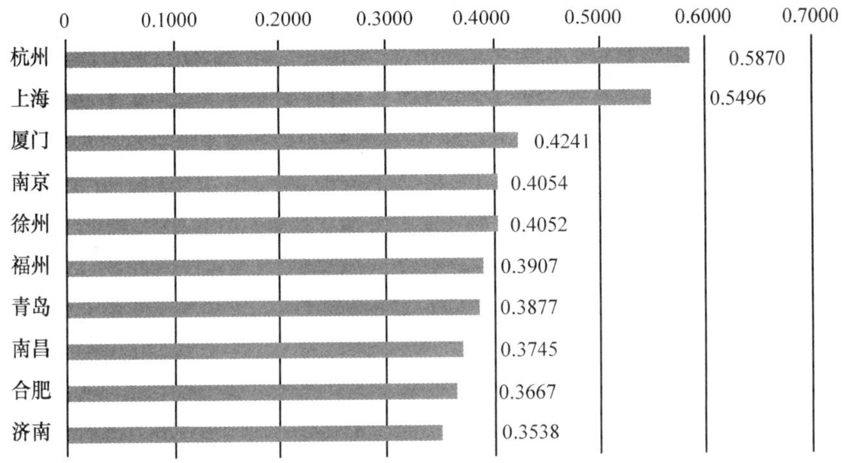

中国县域品牌影响力报告（2021）：推动共同富裕 69

图 4 - 3　2021 年华东地区各都市圈所属县域宜居品牌影响力指数平均值

资料来源：笔者自制。

第三梯队，得分较高的 50 个县域中皆入围 1—2 位。第四梯队中，山东省虽有荣成市、诸城市入围得分较高的 50 个县域，但区域内整体发展水平低于福建省 0.0429，需更加注意省域内各县域宜居品牌平衡发展。值得关注的是，宜居品牌影响力指数得分较高的 10 个省份中也有内蒙古、贵州、海南这些 2021 年地区生产总值较低的省份，说明各地宜居品牌的建设与发展并不以省级经济基础为必要条件。

此外，湖南省长沙县、浏阳市脱颖而出，但省域整体表现相对落后，指数平均值为 0.3378。在湖南省的 22 个样本县域中，高于全国指数平均值的仅有 4 个，其中 75% 位于省会长沙市。总体上看，绝大部分县域得分聚集于 0.23—0.37。

表 4 - 4　2021 年县域宜居品牌影响力指数得分较高的 10 个省份

	2021 年平均值	2021 年得分较高的 50 个县域入选数
浙江	0.5489	31
江苏	0.4491	10

续表

	2021 年平均值	2021 年得分较高的 50 个县域入选数
福建	0.4136	2
河北	0.3953	1
内蒙古	0.3877	1
广东	0.3805	1
海南	0.3713	0
山东	0.3707	2
重庆	0.3662	0
贵州	0.3656	0

除去省级行政区内无县域的北京、上海、天津和暂无数据的西藏自治区、香港、澳门、台湾，县域宜居品牌影响力指数排名倒数的五个省级行政区分别为吉林（0.2720）、辽宁（0.2633）、甘肃（0.2612）、宁夏（0.2337）、黑龙江（0.2178）。可见，位于西北地区的部分省级行政区及东北三省的宜居品牌指数得分较低，需重点关注。

（二）数据聚焦发现

1. 生态突出，基础、民生平稳，活力较低

由图 4-4 可知，在县域宜居品牌影响力指数的分项指标中，生态环境得分相对较高，宜居基础、民生质量与县域宜居品牌影响力指数的曲线基本持平，民生质量离散程度小于宜居基础，而社会活力得分相对较低。

由表 4-5 可知，2021 年全国县域的生态环境指标平均值达到 0.5025，远高于其他三项指标。其标准差为 0.1050，为四项指标中第二小的项。生态环境指数得分低于 0.3 的尾部县域仅有 10 个，为宜居总指标尾部县域的 11.49%。由此可见，中国县域的生态环境保护政策成效显著，整体水平高，各地区、各

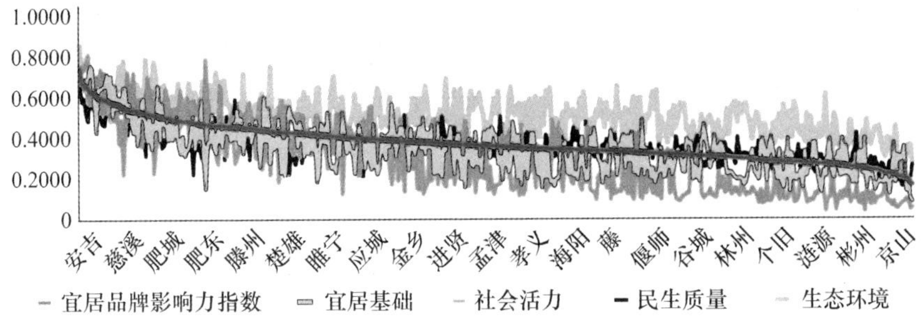

中国县域品牌影响力报告（2021）：推动共同富裕　71

图4-4　2021年400个样本县域宜居品牌影响力指数趋势

县域均衡发展。2021年全国县域的民生质量指标平均值为
0.3581，在四项指标中位列第2。其标准差（0.0954）、极差
（0.5478）皆为四项指标中最小的，可见民生质量虽然整体数值
离生态环境还有差距，但是为四项指标中表现最平稳、水平最
均衡的一项。宜居基础是与县域宜居品牌影响力指数基本持平
的一项指标，其平均值为0.3449，在四项指标中排名第3。其
标准差（0.1309）、极差（0.6782）分别在四项指标中排名第
2、第3，可见各县域间在居民收入、基础设施、宜居口碑方面
存在一些差距。如何最大化利用现有资源，尽量拉平差距，是
县域宜居发展需要关注的方面。社会活力指数平均值为0.2964，
在四项指标中排名第4，其标准差（0.1815）、极差（0.7795）
为四项指标中最大的。在400个样本中，最大值在四项中仅低
于生态环境（0.8614），为0.8142；最小值为四项中最小的，
仅为0.0347。说明县域社会活力水平普遍较低，县域间人才吸
引力、创新氛围和活力口碑差距巨大。

依据样本的各项指标得分分别绘制曲线（见图4-5），可见
社会活力曲线整体最为陡峭，印证其发展不平衡的特点。宜居
基础、民生质量、生态环境曲线虽中部较为平稳，但头部、尾
部的下降趋势尤为显著，个体差异大，"马太效应"明显。

72 国家智库报告

表4-5　　　　　　　县域宜居品牌影响力指数描述性统计指标

	平均值	标准差	最大值	最小值	极差
宜居基础	0.3449	0.1309	0.7587	0.0805	0.6782
社会活力	0.2964	0.1815	0.8142	0.0347	0.7795
民生质量	0.3581	0.0954	0.6695	0.1217	0.5478
生态环境	0.5025	0.1050	0.8614	0.1697	0.6917

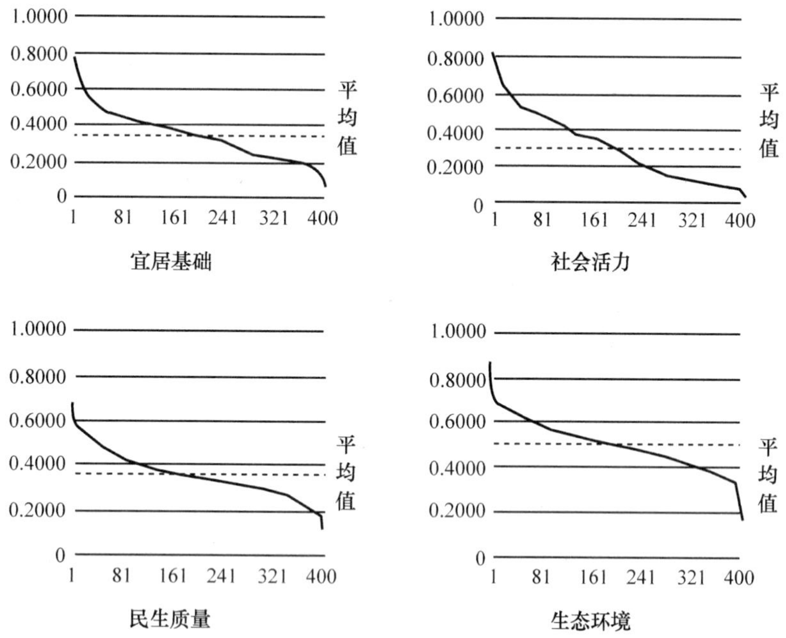

图4-5　县域宜居品牌影响力指数分项指标得分曲线

2. 区间比较分析

2021年，全国县域的生态环境指标在任一区间皆远高于县域宜居品牌影响力指数及其他分项指标，体现了"绿水青山就是金山银山"的绿色发展理念被全方位落到实处。民生质量的前段（1—200）略低于县域宜居品牌影响力指数，后段（201—400）略高于宜居品牌影响力指数，总体水平较为平均。这充分体现出中国各县域治理中对基本民生保障的广泛重视，反映了以人为本的关怀精神，但总体水平还有待提高。社会活力方面，县域宜居品牌影响力指数得分越低，该县域活力指数与宜居品牌影响力指数差距越大，其原因可能是得分较低的县域并未意识到吸引人才对于安居乐业的重要性。这意味着营造创新创业氛围、吸引年轻人返乡就业将为解决农村"空心化"问题，提升县域活力及宜居程度提供巨大帮助。宜居基础指数于任意区间皆略低于县域宜居品牌影响力指数，但紧随县域宜居品牌影响力指数。

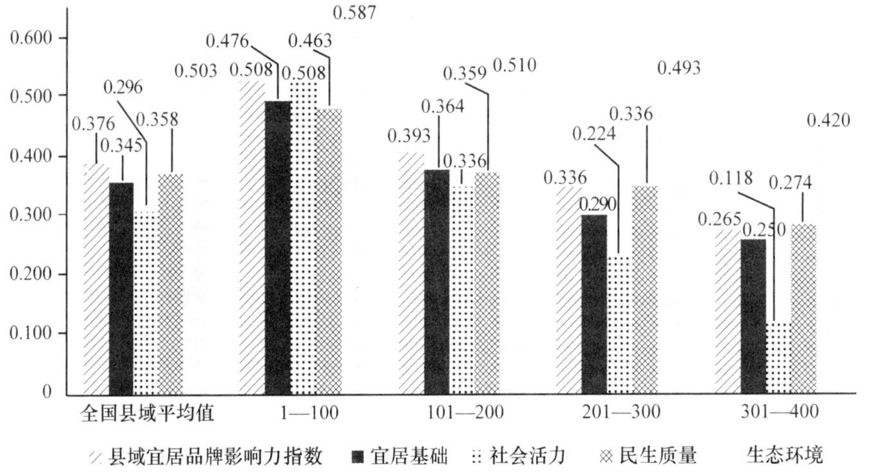

图4-6　全国县域及县域分段宜居指标平均值

3. 生态环境呈正态分布，其他呈偏态分布

通过县域宜居品牌影响力指数的各分项指标直方图（见图4-7），可以发现生态环境指标呈正态分布，指标分布均衡；宜居基础、社会活力及民生质量呈现出偏态分布的态势。其中，民生质量、宜居基础有较为明显的差异，指数得分集中于0.5分以下，低分县域还具有较大的提升空间；而社会活力频数分布则明显有所差异，指标得分普遍较低，这类指标是县域宜居品牌建设需要努力改善的重点方面。

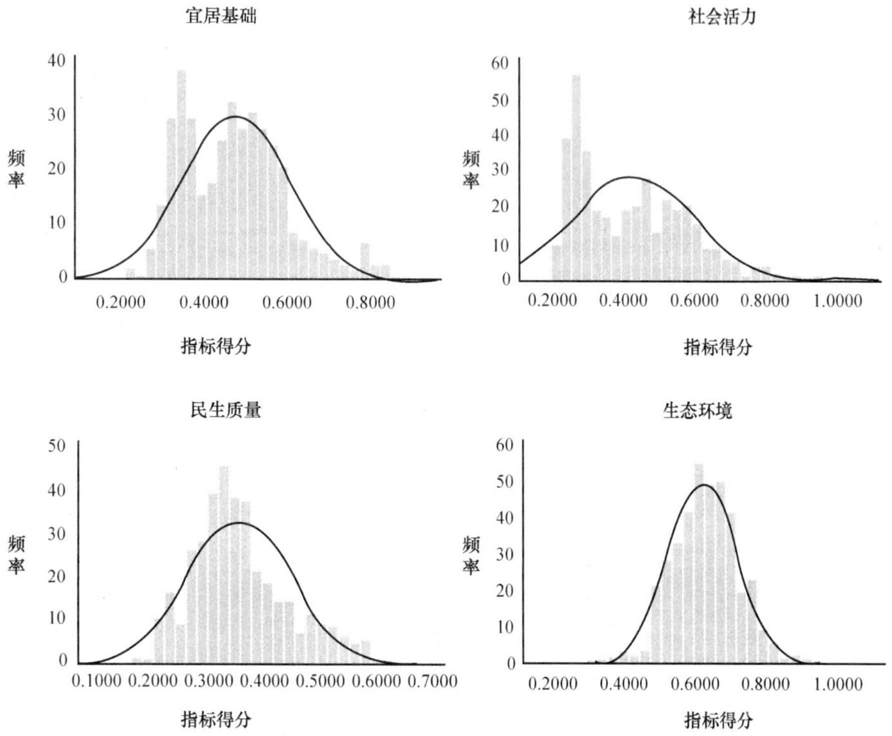

74　国家智库报告

图 4-7　中国县域宜居品牌影响力指数分项指标频数分布

（三）县域宜居品牌影响力头部阵营点评

1.安吉县

浙江省湖州市安吉县，有"中国第一竹乡"之称，是首批全国农村社区建设示范单位，全国乡村治理体系建设试点单位，中国创新 100 强县市，全国绿色发展 100 强县市，宜居声望一向颇佳，具有"风情小镇"的宜居口碑。2012 年，安吉被联合国人居署授予"联合国人居奖"，是中国首个人居奖获得县。

2021 年，安吉县宜居品牌影响力指数为 0.7459。其中，民生质量、生态环境、社会活力和宜居基础得分均较高，是宜居品牌得分较高的 10 个县域中唯一各分项指标得分均较高的县域，整体发展较为均衡。作为"绿水青山就是金山银山"理念的发源地，安吉重视生态环境保护与美丽乡村建设，并以第一起草单位起草了《美丽乡村建设指南》，为美丽乡村建设提供框架性、方向性技术指导。

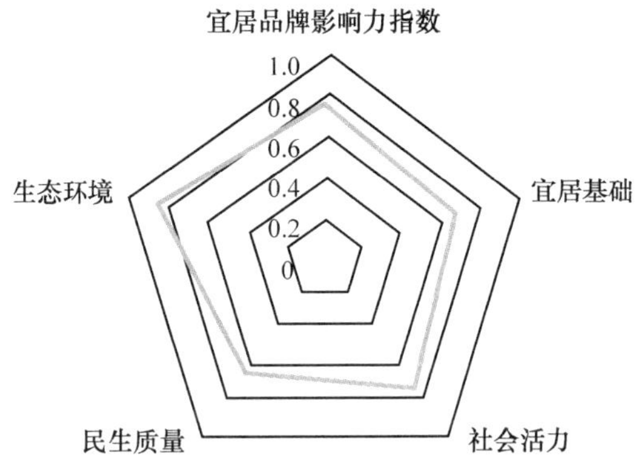

图4-8 安吉宜居品牌影响力指数及分项指标情况

2．诸暨市

浙江省诸暨市，有"珍珠之都"之称，是首批浙江省科技强市、全国科技进步工作先进县市、中国智慧城市百佳县市、全国社区建设示范市，宜居氛围充满创新活力。

2021年，诸暨市宜居品牌影响力指数为0.6704。诸暨市品牌影响力总指数为0.6015。宜居品牌为诸暨市四大指标中得分最高的一项，说明宜居品牌是诸暨市整体品牌发展中的亮点，起带动作用。诸暨市发力创新，积极引进市外跨境电商服务商，发展县域电子商务，吸引高学历人才，打造创新氛围。生态环境在四项指标中较为落后，诸暨市需持续聚焦改革创新、生态美丽、富民强村的工作主题，推动建设更加宜居的乡村环境。

3．德清县

浙江省湖州市德清县，位于长三角腹地，是首届联合国地理信息大会举办地，品牌国际影响力优势突出。德清县是全国

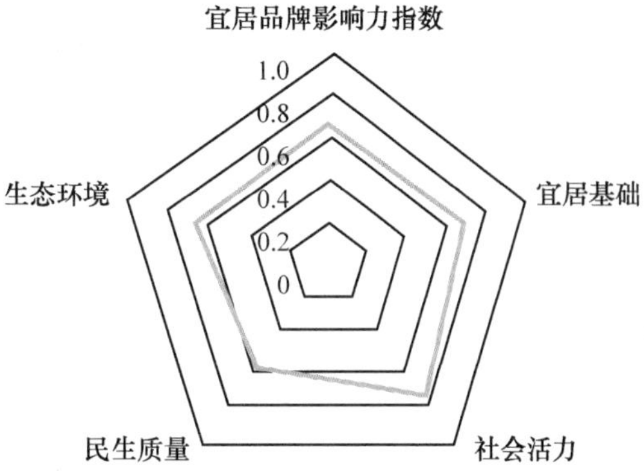

76　国家智库报告

图 4 - 9　诸暨宜居品牌影响力指数及分项指标情况

农村创新创业典型县、全国首个人工智能应用示范县、全国村庄清洁行动先进县、住建部认证的全国无障碍环境示范市县村镇，以社会服务推动提升居民生活品质。

2021 年，德清县宜居品牌影响力指数为 0.6696。德清县作为国务院表彰的全国公立医院综合改革成效较为明显地区，积极发力民生保障工作，领衔制定全国首个医共体建设地方标准，促进教育、卫生、社保等民生工作和社会事业协调发展。生态环境是德清县宜居品牌分项指标中较为落后的一项。未来，德清县应以莫干山、下渚湖品牌为依托，以"绿水青山就是金山银山"思想为指引，进一步开展生态环境建设，打造绿色、宜居的县域品牌。

4. 义乌市

浙江省义乌市，经济发达，是世界小商品之都，其商贸城被联合国与世界银行认证为"全球最大的小商品批发市场"。义乌市是中国唯一设在县级市的国家级综合改革试点，入选浙江省关于服务企业最佳实践案例名单。活力口碑在国内、国际知名，品牌宣传优势突出。

2021 年，义乌市宜居品牌影响力指数为 0.6573。近年来，

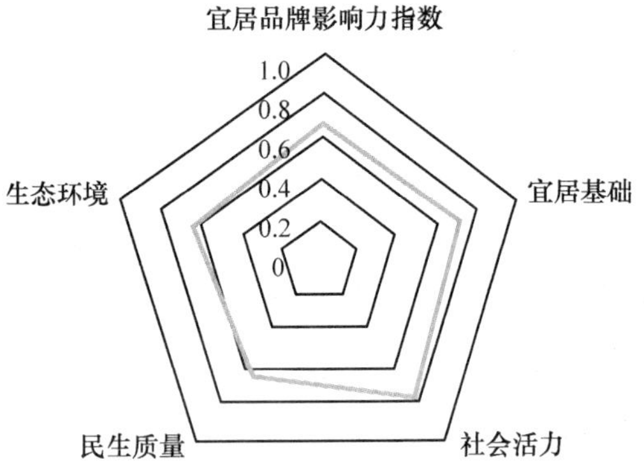

中国县域品牌影响力报告（2021）：推动共同富裕 77

图 4-10 德清宜居品牌影响力指数及分项指标情况

义乌发力数字经济，实现县域从线下小商品批发到线上内贸、跨境电子商务的转型。义乌还服务企业、吸引人才，积极承办中国国际电子商务博览会，其电商专业村数量全省第1。作为宜商县域，义乌正面临经济发展与民生质量协调问题，这需要从房价、社会交通等多个方面合力进行治理。

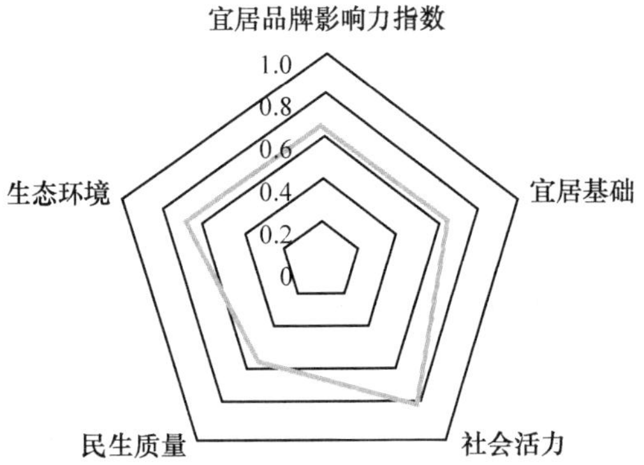

图 4-11 义乌宜居品牌影响力指数及分项指标情况

5．昆山市

江苏省昆山市，西邻苏州，东靠上海，受都市圈核心城市的高新技术外溢影响明显，经济高度发达。自2005年以来，昆山市连续16年位居中国100强县榜首，是中国最具幸福感城市

78　国家智库报告

（县）、中国智慧城市100佳县市、全国营商环境100强县市第1名，极具活力氛围。2010年，昆山市被联合国人居署授予"联合国人居奖"。

2021年，昆山市宜居品牌影响力指数为0.6515。为创建新型宜居县市，昆山市通过优惠政策、福利待遇、解决子女上学问题等手段吸引高新技术企业落地和高校毕业生前往工作，极大增强县域活力。值得注意的是，昆山市生态环境指标在其宜居品牌影响力指数及其各分项指标中得分最低。这需要昆山市切实平衡好经济发展与绿色发展的关系，在完善投资环境时兼顾生态环境，共建美丽新城。

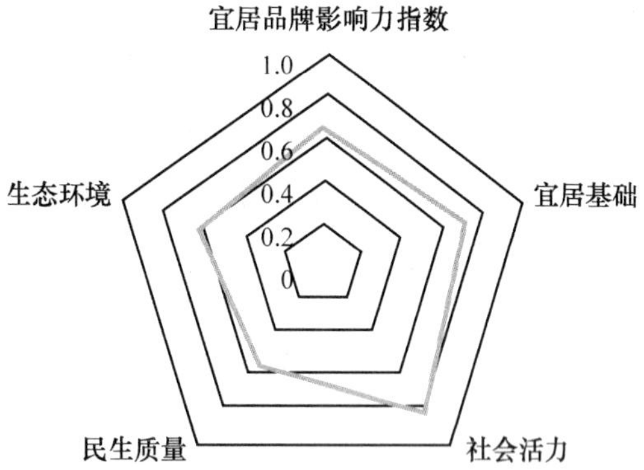

图 4 - 12　昆山宜居品牌影响力指数及分项指标情况

（四）中国县域宜居品牌发展的挑战与建议

1. 高端宜居县域品牌稀少，民生关怀、环境保护还需加强

在全国400个样本县域中，仅有11个样本指数得分高于0.6，可见高端宜居县域品牌稀少。对得分较高的20个县域进行数据分析（见表4-6），可发现在各分项指标中，民生质量指标平均值最低（0.5524），生态环境指标得分其次（0.6297）。对于头部县域而言，努力平衡好经济发展和生态环境保护，同时加强民生关怀，提升居民生活品质，是宜居品牌持续发展的关键。

中国县域品牌影响力报告（2021）：推动共同富裕 79

在发展过程中，头部县域应坚持人与自然和谐共生的理念，树立"生态就是经济"的意识，不走大城市发展的"城市病"老路。可以以浙江省"千村示范村整治"工程为蓝本，学习先进经验，发展美丽产业，带动乡村整体人居环境改善。既保护"绿水青山"，又带来"金山银山"，将生态优势转化为发展优势。

在社会基本服务保障方面，各县域应按照"缺什么补什么"的要求，在教育、医疗、社保等方面查漏补缺；在人居环境整治方面，各县域可结合民俗民风及建筑风貌，从饮水安全提升、文体健身设施建设、老旧街巷小区改造等方面多点发力，实现人居环境长效管护。

表4-6　　县域宜居品牌影响力指数得分较高的20个县域分项指标

	宜居基础	社会活力	民生质量	生态环境
指数平均值	0.6456	0.6378	0.5524	0.6297

2. 尾部县域在社会活力指标上表现欠佳，需提高重视程度，补齐短板

由表4-7可知，指数得分较低的50个尾部县域的社会活力指数得分平均值为0.1016，表现欠佳。在全国县域宜居指数分析中，社会活力也是平均值最低、县域间差异最大的一项指标，是县域宜居品牌发展中的薄弱环节。很长时间以来，一批县域并未认识到营造创新氛围、吸引高质量人才对增强居民活力、建设安居乐业之乡的巨大作用，这是县域宜居品牌发展的一大问题。

各县域要发展重点产业，大力扶持创业创新，开展就业技能培训项目，以产业发展振经济、聚人口。以宜居品牌10强县乐清市为例，乐清市通过重点发展电器产业，既壮大了县域产业经济，增加居民收入，助推新农村建设，提高了宜居基础指

80　国家智库报告

标；又广泛吸引人才，解决空心化问题，激发了社会生机活力；还借力开拓了电子商务业务，营造创新创业氛围，持续为建设宜居、宜业县域寻找新的增长点。在新时代，各县域应在满足人民的基础居住需求之上，注重营造良好的社会氛围，真正将县域打造为人民安居乐业的美好家园。

表 4－7　　县域宜居品牌影响力指数得分较低的 50 个尾部县域分项指标

	宜居基础	社会活力	民生质量	生态环境
指数平均值	0.2366	0.1016	0.2481	0.3745

3. 各县域间宜居品牌发展水平分化严重，需利用周边资源实现协同发展

中国各区域、各省份、各都市圈间发展不同频，地域差距较大，"马太效应"明显。值得注意的是，即使周边地区宜居品牌高度发达，部分县域仍未能借力发展。例如，北京在 2021 年中国城市宜居品牌影响力指数中得分最高，上海、杭州得分较高。然而，北京都市圈内各县域宜居品牌得分平均值仅为0.4308，低于杭州都市圈（0.5870）和上海都市圈（0.5496）所辐射县域。

县域应积极利用周边资源，发挥都市圈核心城市的带动作用，促使其以点带面地进行辐射，提升区域整体宜居品牌发展水平，共享发展红利。昆山市、嘉善县、桐乡市三地就利用区位优势，在上海、杭州、苏州纾解城市功能之时，积极承接其溢出红利，达到共赢。三县还借此发展立体交通网络，建设 90分钟交通出行圈，满足居民多层次生活需要。

区位条件和经济水平并非发展宜居品牌的必要条件。在发展规划中，县域应因地制宜，根据资源禀赋、区域特点把握自身定位。尤其是西北、东北地区的各省份，可学习内蒙古自治

区、贵州省的经验，充分发挥本地特色优势，打造县域宜居品牌。

4. 部分县域宜居口碑提升速度落后于宜居县域建设速度，需打造亮点，借势营销

虽各项宜居指标尚可，不少县域因口碑建设拉低评分，陷入"酒香也怕巷子深"的困境。在宜居品牌影响力指数测算中，不乏衡量各类口碑的子指标，其数据来源于纸媒与全网报道量，对这类县域非常不利。

县域需在发展的同时注意品牌讯息传播。可以先突出打造一两个亮点，借助其 IP 进行宣传，如桐乡市、义乌市分别通过世界互联网大会乌镇峰会、义乌国际商贸城提升品牌名气，打造记忆锚点。此后，再在该锚点基础上进行二次品牌营销，强调县域宜居特性，使公众形成由县域名至其宜居特性的联想印象。条件暂不允许的，可以在宜居乡村建设工作中突出重点，先打造几个特色示范村，立为宜居标杆，并联合新媒体营销从多种渠道加以宣传。若公众反响良好，再借势打造全县域宜居品牌。

五 县域品牌传播影响力指数报告（2021）

进入新发展阶段，中国经济产业结构不断调整升级，经济发展方式逐步从资源导向型经济向品牌导向型经济转变。随着国家品牌计划的实施，培育壮大县域品牌已成为扩大内需、实现乡村振兴的重要抓手。品牌形象反映了品牌的实力与本质，通过县域品牌形象建设与传播，能够有效提高县域的知名度、美誉度，发掘县域发展潜力，打造县域独特发展优势。良好的县域品牌形象能够立体全面地展现出县域地区的发展情况、发展潜力和地区吸引力，创造出巨大的经济效益和社会效益，有效提升县域经济竞争力，为县域经济社会发展注入新动力。

本部分聚焦于2021年中国县域品牌传播影响力指数，采用地区知名度、地区关注度、形象IP传播和居民满意度四个二级指标进行综合评判。其一，地区知名度是县域品牌形象传播的首要指标，包含地区被国内外公众所知晓和了解的广度和深度，代表着县域品牌基础的识别程度。其二，地区关注度是社会公众经过认知层面上升到行为层面的重要参数，是县域地区在社会各群体中的"热度"体现。其三，形象IP是县域地区独有的文化识别，代表其人文精神和特色。其四，居民满意度不但是居民对自己生活质量的主观体验，而且逐渐成为社会治理水平和公共服务政策等的检验标准，是以人为本品牌核心的具体体现。

（一）总体发展情况分析

1. 整体水平向好，驱动县域品牌发展

2021 年中国县域品牌传播影响力指数平均值为 0.5483，高于中国县域品牌影响力总指数（0.3948）以及县域文旅品牌影响力指数（0.4051）、县域创新品牌影响力指数（0.2999）、县域宜居品牌影响力指数（0.3755）等其他一级指标平均值。这说明县域品牌传播对县域品牌总体起到了强劲的拉动作用。

县域品牌传播影响力指数的中位数为 0.5380，小于其平均值。同时，在 400 个县域样本中，191 个县域位于全国品牌传播影响力指数平均值以上，少于一半。这意味着头部地区对县域品牌传播影响力指数的提升贡献显著。

表 5 - 1　　　　　　县域品牌影响力指数及其分项指标平均值

	县域品牌影响力指数	县域文旅品牌影响力指数	县域创新品牌影响力指数	县域宜居品牌影响力指数	县域品牌传播影响力指数
平均值	0.3948	0.4051	0.2999	0.3755	0.5483

资料来源：笔者自制。

2. 县域品牌传播发展两极分化，第二梯次地区成中坚力量

2021 年县域品牌传播影响力指数高于 0.8 的头部地区仅有 4 个，占比为 1%，低于 0.4 的却有 17 个，是头部城市数量的 4 倍多。县域品牌传播影响力指数的极差达到 0.5603，前 20 名县域品牌传播影响力指数平均值（0.7511）与后 20 名平均值（0.3737）差值为 0.3774，县域品牌传播发展不均衡，两极分化严重。

全国共有 276 个县域的品牌传播影响力指数分布于 0.4—

84　国家智库报告

0.6，占比高达69%，总体趋向于较低水平。中国县域品牌传播水平的提升有赖于第二梯次地区传播能力的整体加强。

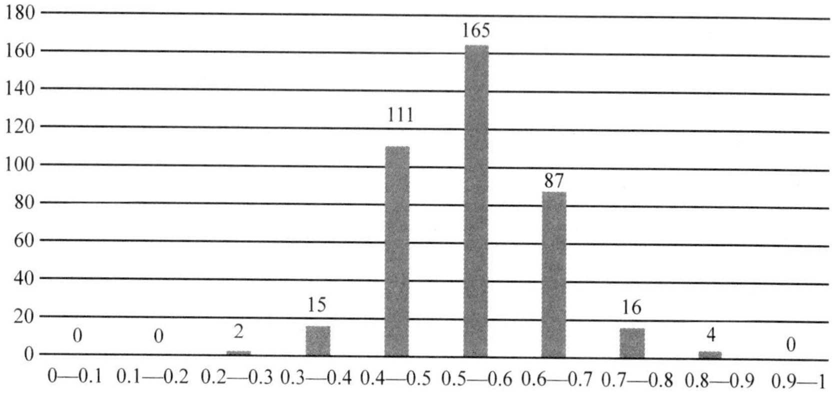

图 5 - 1　县域品牌传播影响力指数频数分布

资料来源：笔者自制。

3. 区域发展差异显著，集聚分布明显

从空间分布来看，县域品牌传播影响力指数区域分布不平衡，总体呈现东强西弱、集聚分布的格局。华东地区县域品牌传播影响力指数平均值为0.5814，其余6个区域依次为西南地区（0.5591）、华中地区（0.5283）、华南地区（0.5248）、西北地区（0.5182）、华北地区（0.4930）、东北地区（0.4501）。县域品牌传播影响力指数得分较高的20个县域中，仅华东地区就占据18席，华中地区占2席，其余区域无县域进入。在中国县域品牌传播发展中，头部地区集中于华东地区，"马太效应"凸显，区域发展差异显著，华东地区成为带动全国县域品牌传播发展的主力军。

除此之外，西南地区虽然没有县域入选得分较高的20个县域，但凭借全域均衡发展，其县域品牌传播影响力指数平均值为0.5591，整体传播水平较高。华中地区整体平均值较高，其中，长沙县及浏阳市入选得分较高的20个县域，二者有较高的外界知名度及关注度，形象 IP 传播带动品牌传播发展。华南地区及西北地区表现相似，平均值分别为 0.5248 及 0.5182，数值接近。华北、东北地区县域品牌传播影响力指数得分较低，县域品牌传播水平相对落后。

表 5 - 2　　　　2021 年县域品牌传播影响力指数区域分析

	平均值	得分较高的 20 个县域入选数量	最大值	
			地区	指数
华东地区	0.5814	18	昆山市	0.8374
西南地区	0.5591	0	都江堰市	0.6838
华中地区	0.5283	2	长沙县	0.8286
华南地区	0.5248	0	横州市	0.6619
西北地区	0.5182	0	神木市	0.6563
华北地区	0.4930	0	正定县	0.6482
东北地区	0.4501	0	延吉市	0.5659

资料来源：笔者自制。

（二）区域发展特征

表 5 - 3　　　2021 年县域品牌传播影响力指数区域平均值比较分析　　（单位：%）

	样本数	高于全国平均值县域数		高于区域平均值县域数	
		个数	占比	个数	占比
华东地区	190	112	58.95	87	45.79
华北地区	37	9	24.32	12	32.43
华南地区	26	10	38.46	15	57.69
华中地区	81	35	43.21	36	44.44
西南地区	33	18	54.55	15	45.45
西北地区	13	4	30.77	7	53.85
东北地区	20	2	10.00	10	50.00

资料来源：笔者自制。

86　国家智库报告

表5-4　　各区域县域品牌传播影响力指数及其分项指标平均值

	县域品牌传播影响力指数	地区知名度	地区关注度	形象IP传播	居民满意度
全国地区	0.5483	0.5758	0.6327	0.4976	0.4872
华东地区	0.6603	0.6264	0.7550	0.6759	0.6782
华北地区	0.4930	0.5687	0.5589	0.3901	0.4545
华南地区	0.5248	0.5662	0.6155	0.4861	0.4314
华中地区	0.5283	0.5992	0.6323	0.4665	0.4339
西南地区	0.5591	0.5966	0.6127	0.5104	0.5167
西北地区	0.5182	0.6161	0.5817	0.4372	0.4378
东北地区	0.4501	0.4845	0.5723	0.3990	0.3440

资料来源：笔者自制。

1. 华东地区：发展强劲，一枝独秀

华东地区是七大区域中入选样本最多的地区，共190个，其中县域品牌传播影响力指数高于全国平均值的共112个，占比58.95%。县域品牌传播影响力指数得分较高的20个县域中，华东占据18席，且各指标数据都遥遥领先，其品牌传播水平稳居区域之首。

华东地区拥有多个综合实力强省，昆山市、安吉县和义乌市等经济强县入选全国综合竞争力10强县；同时，其县域品牌传播影响力指数得分也较高。其雄厚的经济实力和丰富的人文底蕴，奠定了县域品牌发展的基础。

2. 华北地区：内部发展不均，尾部县域基数大

华北地区共37个县域进入统计样本，但是其中只有9个县域的品牌传播影响力指数高于全国平均值，占比24.32%。华北地区12个县域的品牌传播影响力指数高于区域平均值，占比32.43%，但仍有68%的县域品牌传播影响力指数低于0.5，说

明尾部县域基数较大。同时，其形象 IP 传播指数为 0.3901，与全国平均值差距大，为其品牌传播主要短板，反映出华北地区县域缺乏明显特色，中后段城市需要加大传播力度，结合城市地区宣传有潜力的县域。

3. 华南地区：中段县域分布数量多，城市辐射带动力量未达预期

华南地区共有 26 个县域进入统计样本，其中 10 个县域高于全国平均值，占比 38.46%。15 个县域高于区域平均值，占比 57.69%，在七大区域中占比最高，说明该区域内县域品牌传播影响力指数差距大，尾部县域数量多。

区域各指标平均值与全国平均值不相上下。但区域内部省域发展存在一定差距，广东省的入选县域样本数量占比近六成，而海南省仅有 1 个；同时广东省县域品牌传播影响力指数平均值为 0.5509，高于广西壮族自治区的平均值，说明广东省品牌传播总体水平高于海南省和广西壮族自治区。如何高效利用华南地区城市传播价值辐射，提升带动其县域的对外传播发展，让城市辐射带动传播力量对于华南地区来说是一个全新的挑战。

4. 华中地区：长沙县、浏阳市领头，整体表现平平

华中地区共有 81 个县域进入统计样本，高于区域平均值的县域（占比 44.44%）与高于全国平均值的县域（占比 43.21%）较为接近，分别是 36 个与 35 个。华中地区总体发展水平较为均衡，其地区关注度与地区知名度在七个地区得分较高，相对于华东地区之外的其他地区有一定的领先优势。

长沙县与浏阳市表现优秀，其县域品牌传播影响力指数得分入选全国得分较高 20 个县域。但是，华中地区龙头效应有待进一步发挥，以带动整体发展。

5. 西南地区：整体表现平稳，存在发展潜力

西南地区共有33个县域进入统计样本，其中18个县域品牌传播影响力指数高于全国平均值，占比54.55%，与华东地区共同成为区域内半数县域的品牌传播影响力指数超过全国平均值的地区。同时，西南地区县域品牌传播影响力指数平均值高于全国平均值，居民满意度更是其亮点指标，是除华东地区外唯一高于0.5的地区，存在强劲的发展潜力。其形象IP传播平均值也高于全国平均值，在满足本地居民追求幸福方式的同时，应继续把握别具特色的形象IP传播，造势"破圈"。

6. 西北地区：神木表现亮眼，整体发展水平有待提升

西北地区共有13个县域进入统计样本，其中4个县域品牌传播影响力指数高于全国平均值，占比30.77%。7个县域高于区域平均值，占比53.85%。西北地区品牌传播影响力指数平均值低于全国平均值，且分项指标平均值也均处于中后段，整体传播水平普遍偏低。

西北地区身处内陆，传播环境较为封闭，除神木市表现亮眼外，其余县域品牌传播影响力指数得分均较低，传播发展水平较为落后。形象IP传播指数平均值仅为0.4372，是其主要短板，应提高地区品牌识别度，为区域品牌传播发展注入新动能，进而带动区域总体发展水平。

7. 东北地区：缺乏头部县域，整体区域亟待振兴

东北地区共有20个县域选入统计样本，但是仅有2个县域品牌传播影响力指数高于全国平均值，占比10.00%。10个县域高于区域平均值，占比50.00%。东北地区县域品牌传播影响力指数及分项指标平均值在七大区域中均较低，整体发展水平落后。

同时，区域内指数得分最高的延吉市在全国处于较低水平，

缺乏头部县域来带动区域品牌传播发展。东北地区注重重工业发展，相对缺乏软实力的相关传播，导致县域品牌在全国范围内影响不足，亟须依托地区文化，讲好东北地区故事，建立起全新的东北地区品牌传播体系。

（三）数字聚焦发现

县域品牌传播影响力指数包括地区知名度、地区关注度、形象 IP 传播及居民满意度四项分项指标，多维度、立体化地对县域品牌传播水平进行有效衡量。整体来看，四项分项指标平均值存在一定差异，位列第 1 的地区关注度平均值高于末位的居民满意度平均值 30%。提高县域品牌传播水平，必须着眼于全方位均衡发展。

表 5 – 5　县域品牌传播影响力指数平均值、中位数、极差和方差

	地区 知名度	地区 关注度	形象 IP 传播	居民 满意度
平均值	0.5758	0.6327	0.4976	0.4872
中位数	0.5797	0.6353	0.4825	0.4823
极差	0.7552	0.8114	0.8406	0.9506
方差	0.1012	0.0994	0.1316	0.1452

资料来源：笔者自制。

1. 地区知名度和地区关注度指数发展不平衡

地区知名度指数综合国内知名度及国际知名度两方面进行衡量，主要参考地区名百度新闻搜索信息数量及地区英文名 Google 新闻搜索信息量；而地区关注度则选用网络关注度及研究关注度进行评价，主要参考地区名百度指数及知网期刊论文数量。

2021 年，县域地区知名度平均值为 0.5758，中位数为 0.5797；地区关注度平均值为 0.6327，中位数 0.6353。二者中位数均略高于平均数，整体分布较为平均。且从图 5 - 2 和图 5 - 3 可知，二者的频数分布相似，地区知名度最大频数位于 0.5—0.6，地区关注度最大频数位于 0.6—0.7，地区知名度整体水平略低于地区关注度。

着眼于具体县域发现，县域品牌传播影响力指数得分较高的 20 个县域中，半数县域的地区关注度进入单项前 20，仅 4 个县域的地区知名度进入单项前 20，只有 2 个县域双项指标均进入单项前 20。县域地区知名度和地区关注度发展极不平衡。

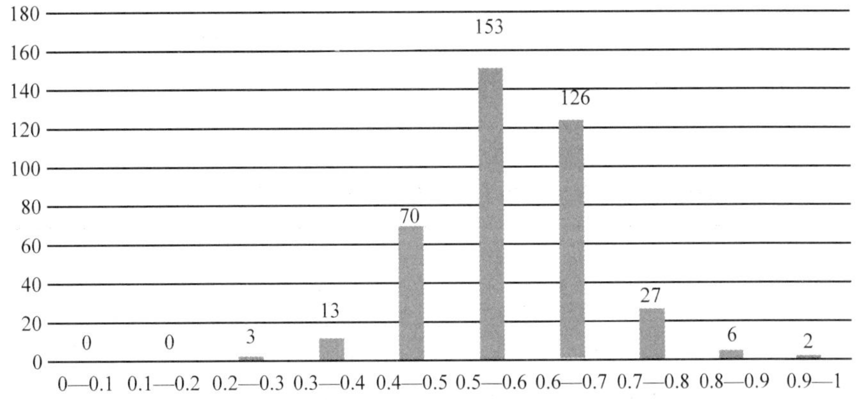

图 5 - 2　地区知名度指数频数分布

资料来源：笔者自制。

2. 形象 IP 传播指数头部县域力量显著，带动整体水平提升

形象 IP 传播指数从 IP 生态及地理标志品牌两方面进行评估，IP 生态主要参考"地区名 + IP"纸媒及全网数据量，地理标志品牌主要参考"地区名 + 地理标志"纸媒及全网数据量。

2021 年，县域形象 IP 传播指数平均值为 0.4976，高于中位数 0.4825。在 400 个样本县域中，县域形象 IP 传播指数低于平均值的有 219 个，超过半数。可以看出，少数头部县域传播力

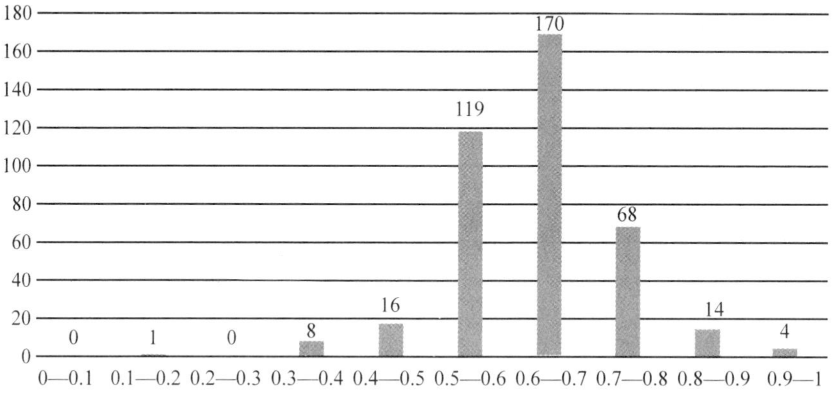

中国县域品牌影响力报告（2021）：推动共同富裕　91

图 5－3　地区关注度指数频数分布

资料来源：笔者自制。

量显著，有效拉动整体水平。然而，高于0.8的有9个县域，低于0.2的县域数量有3个，超七成县域该项指数数值集中于0.3—0.6，数据整体呈梭形分布，更趋近于较低的水准。这说明形象 IP 传播发展水平较高的县域仍是少数，整体发展水平仍需进一步提升。

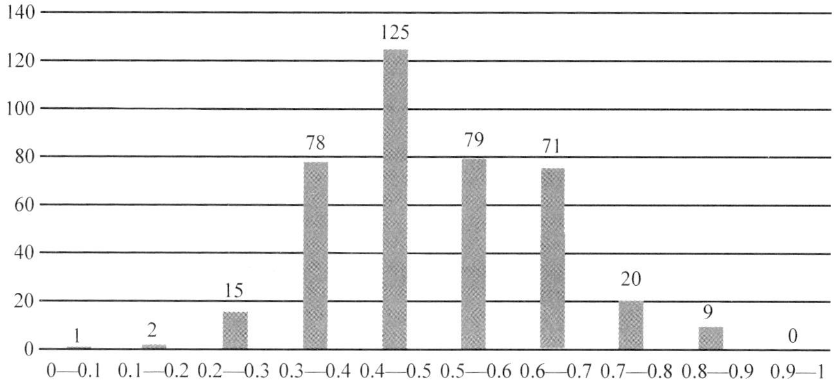

图 5－4　形象 IP 传播指数频数分布

资料来源：笔者自制。

3. 居民满意度指数离散程度高，两极分化严重

居民满意度选用幸福口碑及和谐口碑两个指标进行衡量。幸福口碑主要参考"地区名 + 幸福"纸媒及全网数据量，和谐口碑主要参考"地区名 + 和谐"纸媒及全网数据量。

居民满意度指数极差高达 0.9506，居民满意度指数位列第 1 的安吉县，数值高达 0.9791，高于淳安县近两成，为末位县域的 34 倍多。居民满意度指数方差为 0.1452，数值离散程度大。指数高于 0.8 的县域数量为 5 个，低于 0.2 的有 9 个，最多数值集中于 0.4—0.5，共 122 个县域，占比 30.5%。因此，居民满意度指数两极分化严重，且整体趋向于较低的水准。

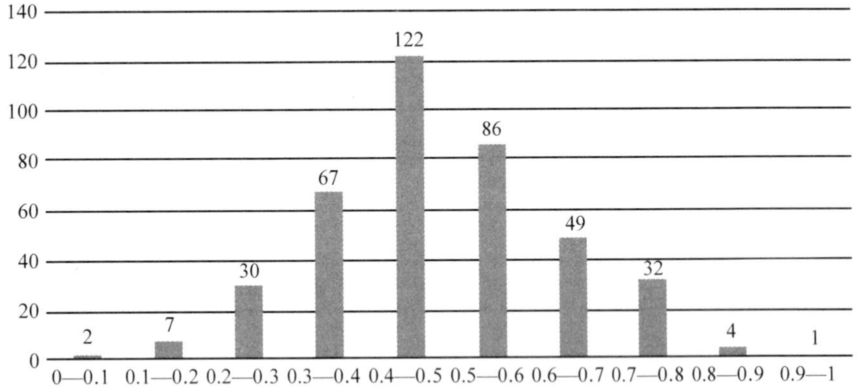

图 5 - 5　居民满意度指数频数分布

资料来源：笔者自制。

（四）县域品牌传播影响力头部阵营点评

1. 昆山市

昆山市是江苏省苏州市下辖县级市，位于江苏省东南部，是"百戏之祖"昆曲的发源地。昆山市在 2021 年中国县域品牌传播影响力指数得分为 0.8374。其地区关注度得分为 0.9702，

形象 IP 传播得分为 0.8473，居民满意度得分为 0.8018，地区知名度得分为 0.7302，整体发展水平较为均衡。

2020 年，昆山市 GDP 突破 4000 亿元，在全国县域经济综合竞争力 100 强中排名第 1。作为经济发展强县，学界对昆山市的研究关注度极高，其地区关注度指标在 10 强县域中遥遥领先，位居第 1。2020 年，市文商旅集团以"江南水乡"为基础，将昆山传统文化融入城市现代风情，助力打造"深夜不打烊"夜购商圈，激活昆山夜间经济。不仅如此，昆山市的"游站未来城"因其独特的金字塔造型在社交媒体平台一度爆红。这些"网红地标"让昆山市形象 IP 传播迎来了更多可能性，在县域品牌化的新方向上不断探索发展。

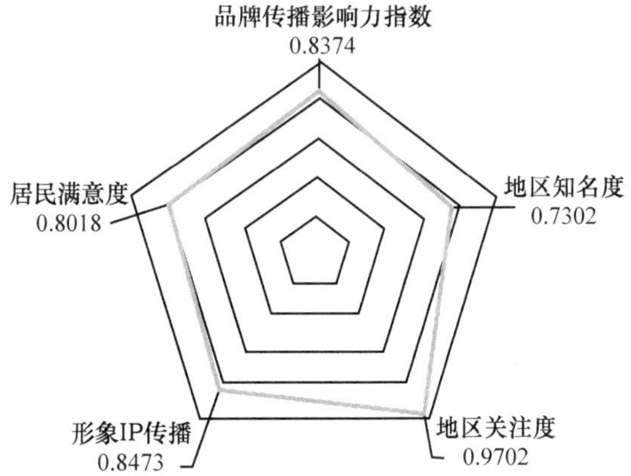

图 5-6　昆山市品牌传播影响力指数及分项指标情况

资料来源：笔者自制。

2. 长沙县

长沙县隶属于湖南省长沙市，位于湖南省东部、长沙市中部，处于长株潭"两型社会"综合配套改革试验区的核心地带，是全国 18 个改革开放典型地区之一。长沙县 2021 年的中国县域品牌传播影响力指数得分为 0.8286。其中，形象 IP 传播得分为 0.8967，地区知名度得分为 0.8798，居民满意度得分为

0.7454，地区关注度得分为 0.7923。

长沙县拥有众多名胜古迹和旅游胜地，其全国爱国主义教育示范基地等文旅因素助力了长沙县总体 IP 生态，使形象 IP 传播指标成为其最亮眼的分项指标。若把握文旅带来的创新机遇，依托地区媒介传播能力的优势进行推广，同时注重打造以人为本的生活场景，或能更加有效地提高长沙县的地区关注度，增强居民的幸福感、获得感，从而促进县域品牌传播水平均衡发展。

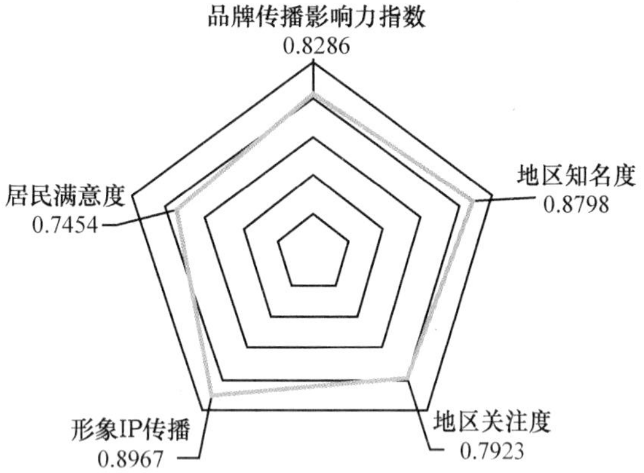

图 5-7　长沙县品牌传播影响力指数及分项指标情况

资料来源：笔者自制。

3. 安吉县

安吉县隶属于浙江省湖州市，位于长三角腹地，是国家全域旅游示范区、全国投资潜力 100 强县、全国乡村治理体系建设试点单位。安吉县在 2021 年中国县域品牌传播影响力指数得分为 0.8266。其居民满意度得分为 0.9791，形象 IP 传播得分为 0.8948，地区关注度得分为 0.6861，地区知名度得分为 0.7464。

安吉县居民满意度指标得分最高，是该项指标得分唯一高于 0.9 的县域。作为"绿水青山就是金山银山"理论的发源地，安吉多年来深耕生态文明建设，使绿色成为安吉发展最动人的色彩，并以此带动县域经济发展，2020年安吉县入选全国县域经济综合竞争力100强。同时，"安吉白茶"区域公用品牌的发展，"云上草原""江浙小瑞士"等旅游新名片在社交平台的广泛传播，成为安吉加强形象IP传播水平、提升品牌整体形象的有效途径。其形象传播短板中的地区知名度与地区关注度或能抓住这一传播风口，借力提升。

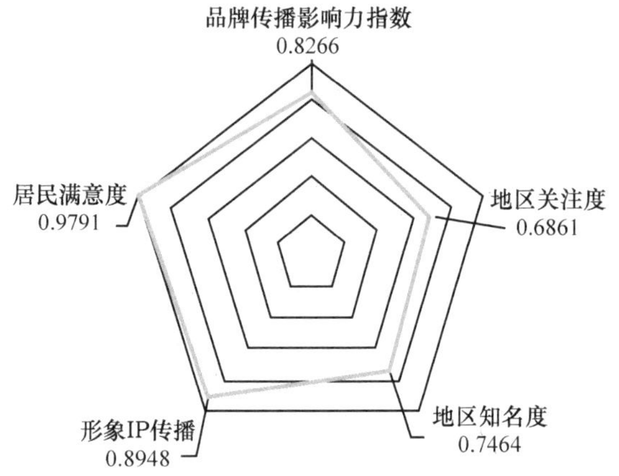

品牌传播影响力指数
0.8266

地区关注度
0.6861

地区知名度
0.7464

形象IP传播
0.8948

居民满意度
0.9791

图5-8 安吉县品牌传播影响力指数及分项指标情况

资料来源：笔者自制。

4. 曹县

曹县隶属于山东省菏泽市，位于山东省西南部，是国务院批准的对外开放县，是东部企业向中西部地区梯次转移的桥头堡和承接带。曹县在2021年中国县域品牌影响力传播指数得分为0.8011。其地区关注度得分为0.9019，形象IP传播得分为0.8293，地区知名度得分为0.8127，居民满意度得分为0.6606。

2021年，曹县因某短视频平台博主的"土味"吆喝迅速走红，其地区知名度与地区关注度直线提升。除此之外，作为国内最大的木材基地，2020年曹县的GDP已经达到463.82亿元，

96 国家智库报告

在全国100强县域经济排行中榜上有名。从劳务输出的农业镇到家门口就业的电商强镇,曹县大集镇已经成为乡村振兴的一个缩影。人民是乡村振兴的主力军,在未来的传播发展过程中,曹县应该关注人民需求,更好地服务于民、造福于民,让群众获得更实在的幸福感。同时,曹县应继续融合多种媒介渠道,深入挖掘地区本身的文化与经济优势,树立起更优质的品牌形象,推动地区品牌的对外传播。

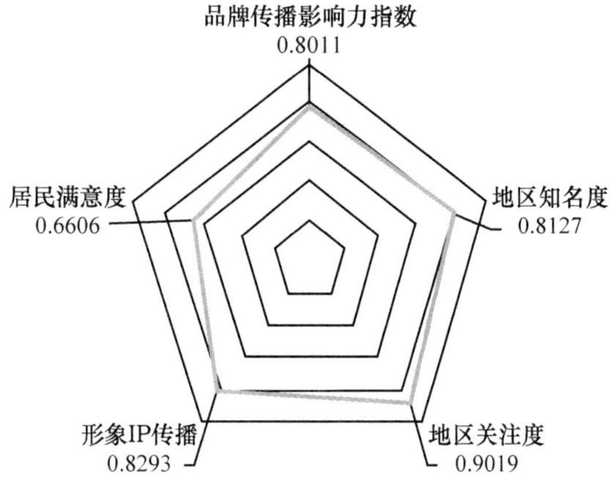

品牌传播影响力指数
0.8011

居民满意度
0.6606

地区知名度
0.8127

形象IP传播
0.8293

地区关注度
0.9019

图5-9 曹县品牌传播影响力指数及分项指标情况

资料来源:笔者自制。

5. 海安市

海安市是江苏省南通市代管的县级市,因"海水永不扬波"之意而得名,是江海文明的发源地,留下了苏中战役(七战七捷)的不朽神话和角斜红旗民兵团的革命薪火。海安市2021年的中国县域品牌传播影响力得分为0.7791。其地区知名度得分为0.9662,居民满意度得分为0.8038,形象IP传播得分为0.7548,地区关注度得分为0.5915。

作为"中国禽蛋之乡""中国茧丝绸之乡""中国湖桑之乡"等,海安市多元产业均衡发展,当地居民物质生活丰富,这也为其县域形象IP的打造"添砖加瓦"。同时,海安市或可

中国县域品牌影响力报告（2021）：推动共同富裕　97

借助"中国文学之乡"的文化优势，开展相关传播活动，使其县域品牌发展方式更多元，从而进一步提升地区关注度。

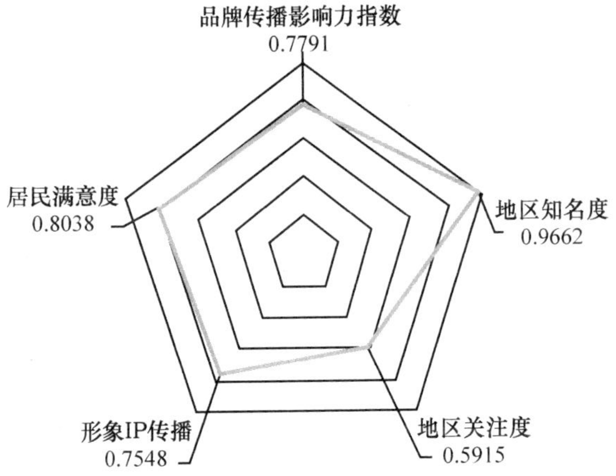

图5-10　海安市品牌传播影响力指数及分项指标情况

资料来源：笔者自制。

（五）县域品牌传播的问题与挑战

1. 地区知名度与关注度指数错位，品牌传播影响力受到限制

地区知名度与地区关注度单项指标得分较高的20个县域中，仅曹县、晋江市、萧县3个县域同时进入双项指标单项前20。县域品牌传播影响力指数得分较高的20个县域中，过半数县域的地区知名度指标得分较低。其中，地区知名度得分最高的海安县，其地区关注度得分较低；地区关注度得分较高的慈溪市，其地区知名度得分较低。

县域地区知名度和地区关注度发展步调不一，限制了县域品牌传播影响力整体发展水平。一方面，相应县域尚未找到独具地区特色的内容蓝本，缺乏有力的传播支点及地区吸引力；另一方面，如何通过新型传播媒介的应用，实现受众的全方位触达，是人类社会虚拟化发展背景下更需要思考的问题。

2. 居民满意度总体水平不高，品牌可持续发展动力不足

居民满意度指标平均值为 0.4872，在四个二级指标中排名末位，而其方差指数却位居第 1，总体发展水平不理想，已经成为影响县域品牌传播的主要短板。此外，许多县域的县域品牌传播影响力指数与其居民满意度指标呈现出错位状态。例如，县域品牌传播影响力指数得分较高的 20 个头部县域中，只有 13 个县域进入居民满意度单项指标得分前 20。其中，县域品牌传播影响力指数得分较高的曹县，其居民满意度指数得分较低。

居民满意度的发展水平已经影响了头部地区县域品牌发展水平，进而影响到全域品牌影响力。以人为本方能实现品牌可持续发展，提高居民满意度或将成为县域品牌传播新的突破口。

3. 区域发展水平差距显著，有机发展共同体尚未形成

总体而言，县域品牌传播水平总体呈东强西弱、集聚分布的格局，"马太效应"凸显，区域发展差异显著。华东地区县域品牌传播影响力指数平均值位居第 1，发展强劲，一枝独秀。其中，浙江、江苏等经济强省入选县域样本高达 78 个，占该区域样本数量约四成。随着长江经济带一体化规划的不断落地，乡村振兴建设的先行探索，国家战略布局对县域品牌的传播发展起到了强有力的支撑带动作用。

需要注意的是，同样经济效益良好、拥有强势城市品牌的华南地区，其县域品牌传播发展却不尽如人意。据 2021 年中国城市品牌传播影响力指数，粤港澳大湾区在城市群中得分最高，深圳和广州对城市群的品牌传播发展具有高贡献度。然而，在广东省域内，仅 15 个样本县域入选，省域内得分最高的县域为横州市，省域内部城市及县域地区连接较为松散，核心城市的辐射与扩散作用不足，未形成共生共联的有机统一体。区域发展不平衡和强势城市品牌辐射效应弱或将成为制约县域品牌传播水平发展的痼疾。

（六）县域品牌传播的对策与建议

1. 善用新兴媒介，创新传播形式，讲好县域故事

讲好县域故事，不仅需要关注"讲什么"，找寻富有文化底蕴、符合时代需求的内容文本，更需要重视"如何讲"，疏通沟通对话的渠道。只有当好故事遇上会讲故事的好平台，2D平面想象才可能化身为3D立体形象，才能有效提高县域故事的"可见度"和"可感度"，使之具备更广的传播度。

近年来，随着新媒体技术的蓬勃发展，集成了大数据、云计算、人工智能等多项前沿技术的算法推荐，使得直播、短视频等新兴媒介具有传统媒介所不能比拟的优势，其传播力量不容小觑。尤其是在新冠肺炎疫情的影响之下，移动互联网的媒介迭代效应愈加显著，传播的交互维度进一步升级，新兴媒介在信息沟通和交流中扮演着越来越重要的角色。

媒体是地区品牌生态中的有机组成部分，新兴媒介的崛起成为助力地区品牌传播发展的重要因素。县域可以借助新兴媒介，积极探索音视频等多元传播形式，利用大众喜闻乐见的方式宣传县域地区人文风光，展现与传递更真实、立体、全面的形象与文化。以山东曹县为例，2021年，其县域品牌传播影响力指数得分较高，地区知名度及地区关注度得分也较高。2021年上半年，曹县因一条短视频声名鹊起，全网"造梗"狂欢之际，其制衣工业发达、网络产业转型等正面形象也为人所熟知。新媒介技术助力曹县"出圈"，为讲好县域故事、提升受众记忆点提供了更为新颖丰富的载体。

2. 挖掘县域文脉，打造形象IP，开辟区域公用品牌增长点

县域文脉代表着一方土地独有的特色文化，形象IP则是凝

聚地方特色的文化符号。地方文化和现代生活相融合，是促进县域经济建设和社会发展的全新引爆点和持续增长点。打造区域公用品牌，或成为有效途径之一。

一方面，区域公用品牌通过提高品牌影响力，为县域形象IP的打造"添砖加瓦"。基于县域文脉打造形象IP，实现地方文化符号化。通过特定的符号认同和符号消费，构成社会公众对文化符号的情感联想，形成认同纽带。例如"慈溪杨梅"这一农产品区域公用品牌，源于自然养育。人和农作物共享土地、共沐阳光，形成了天然的情感联结。这份情感通过品牌打造而外显，进一步激活品牌情感属性，强化文化认同。

另一方面，区域公用品牌借力带动经济发展，为县域经济"双循环"注入新动能。县域经济是国民经济的基本单元，加快农业农村现代化，其中要义就是发展县域经济。在"双循环"视角下，推动新型县域经济实现高质量发展必须打造核心品牌，围绕促进县域经济发展这个目标来打造农村现代化的品牌。浙江安吉县2021年的县域品牌传播影响力指数得分较高，形象IP传播指数得分也较高，不仅凭借生态文旅闻名全国，其"安吉白茶"区域公用品牌连续12年入选中国区域公用品牌价值10强，成为全县农业支柱产业，为县域经济发展注入一剂强心剂。

3．发挥城市品牌辐射带动作用，推动城乡融合发展

城乡融合发展需要改变城市中心、乡村边缘的传统思维，建立起城乡间各资源要素的双向融合互动和共建共享，强调以城带乡、城乡协调发展、城乡一体发展，令"城"与"乡"都在现代社会体系这支协奏曲中谱出独有的美好旋律。

城市群、大都市等深耕城市品牌多年，不但头部城市如北京形成了鲜明的城市品牌特色，连续三年稳居中国城市品牌传播发展指数榜首，而且城市群如粤港澳大湾区通过区域协同发展建立起势头强劲的品牌增长点。2021年的城市群品牌影响力

指数显示，该城市群品牌传播影响力指数摘得全国桂冠。城市品牌发展在全国起到先行示范作用，有条件带动县域品牌发展，推进城乡融合发展。进一步发挥城市品牌的辐射带动作用，以县域作为推进城乡融合发展的切入点，把"城"与"乡"有机地连接起来，将城市品牌与县域品牌协同发展打造成为城乡发展共同体的重要组成部分，以品牌力量带动城乡协同发展。

4. 聚焦以人为本的品牌核心，夯实共同富裕的发展基础

2021年的县域品牌传播影响力指数将居民满意度纳为重要衡量指标之一。县域建设及品牌打造的过程中紧紧围绕"以人为本"理念，将人民的幸福感和满意度放在核心位置，是品牌建设发展的源头活水，更是共同富裕的应有之义。

作为县域品牌建设的先导，华东地区尤其是长三角区域形成了具有创新意义的品牌样本，为新时代县域品牌打造提供了新的重要契机。以浙江省安吉县为例，安吉县居民满意度指数得分最高，是该指标唯一高于0.9的县域地区。在"绿水青山就是金山银山"的理论指导之下，安吉盘活全域资源，生态文明建设迈上新台阶，"两山银行"建设拉动县域经济稳步发展，照亮"绿色幸福共富"路。生态美，社会更美。安吉县利用数字化技术，推进县乡村三级"矛调中心"建设，推广"掌上矛调 APP"运用，实现县域社会矛盾纠纷总量下降、就地化解率逐步上升，全力维护社会稳定，人民群众获得感、幸福感、安全感不断增强。为提高居民满意度，打造以人为本的县域品牌提供了县域样本。

未来，县域品牌建设需要始终立足于县域实际，将建设方向从以物为主向以人为本转变，将关注点从县域本身转移到人民生活中去，奏响以人民为中心的强音。强信心，聚民心，暖人心，筑同心，实现县域品牌共建、共创、共享，碰撞出全新的县域火花。

六 典型案例分析

（一）基于产业集群品牌战略的义乌经验

1. 背景简介

义乌市，浙江省下辖县级市，由金华市代管，金华—义乌（浙中）和杭州（浙北）、宁波（浙东）、温州（浙南）并列浙江四大区域中心城市。义乌市位于浙江省中部，地处浙江省中部的金衢盆地，属于丘陵地区，人均耕地面积少，资源匮乏。从20世纪80年代开始，义乌实施"兴商建市"发展战略，从小商品市场入手，以小商品市场建设为龙头，直接带动第三产业在贸易、金融、交通等行业的快速发展，为小商品市场提供信息咨询等服务。第三产业的发展刺激了第二产业的需求，促进了"贸工联动"战略的实施，促进了同步工业化和市场化的发展。

2020年，全市实现地区生产总值（GDP）1485.6亿元，位列全国经济100强县榜单第10名、浙江省内第2名（仅次于慈溪市）。义乌从一个贫穷的农业县，依靠产业集群的规模经济创造出竞争优势，已经成为世界著名的"小商品之都"。

目前，义乌已形成针织、服装、拉链、饰品、毛纺、印刷、制笔、工艺品、化妆品、玩具等产业集群，但是多数属于劳动密集型的传统产业，价格竞争缺乏品牌意识，品牌竞争力不足

中国县域品牌影响力报告（2021）：推动共同富裕 103

制约着中小企业的进一步发展。现代市场经济从某种意义上说是品牌经济，品牌对产业集群的发展具有加速和提升的作用。因此，义乌近几年逐渐实现产业升级离不开产业集群品牌的建设。

2. 主要做法

首先，推出一系列惠企政策。探究"品牌义乌"高速发展的成因，离不开义乌市政府的一系列惠企政策。早在2015年，为提升义乌市制造业质量水平，优化区域品牌形象，义乌市积极响应浙江省打造"浙江制造"品牌建设的意见，从研制"浙江制造"产品标准、引导"浙江制造"品牌培育、品牌培训和开展"浙江制造"对标达标活动四个方面实施"浙江制造"品牌培育工程，积极开展"浙江制造"品牌认证工作，并加强"浙江制造"品牌保护监督，建立完善企业自我保护、政府依法监管和司法维权保障"三位一体"的品牌保护体系，为企业提供信息咨询、战略指导、法律援助等服务。其中，"重奖创牌企业"就是其中重要的举措之一。2020年5月19日，义乌市市场监督管理局发布了2020年度义乌市商标品牌奖励（补助）申报的通知，根据相关政策，义乌市政府对获得国家驰名商标、省市著名商标的企业，给予1万—100万元不等的奖励；对上中央电视台做产品宣传且宣传费用超过10万元（含10万元）的企业，一次性给予2万元奖励。镇街一级也出台创牌奖励政策，对获中国驰名商标、省市著名商标的企业奖励1万—15万元不等。为充分发挥镇街在创牌方面的积极作用，义乌市政府将创牌工作纳入政府年度目标责任制考核之中。

在政府部门的高度重视和大力支持下，义乌企业家的商标品牌意识迅速增强，义乌市上下已经形成了浓厚而且健康的创牌气氛。特别是在一批品牌企业的示范作用下，同行业企业的创牌积极性空前高涨。截至2021年，义乌"浙江制造"标准立项数达 22 项，创历史新高，与萧山区并列全省首位。2021 年，义乌市又新增了 4 件由司法认定的中国驰名商标。截至 2021 年 4 月，义乌市共有 9 件通过司法认定的中国驰名商标。义乌市的著名商标数量连年攀升，现已占金华市著名商标数总量的 1/3。目前已拥有浙江省著名商标 57 件，仅 2020 年就新增 12 件，其数量在省内县级市排名第 3。

其次，工商部门和行业协会的服务和引导。义乌品牌的快速扩张，同样得益于工商部门的全力帮扶。义乌工商部门从提升创牌理念入手，向企业指明创牌要同提高商品质量、企业文化、人格形象、企业精神等有机结合，丰富品牌内涵。同时，从 2004 年起，义乌工商部门每年与中华商标协会、省工商局、义乌市政府联合举办年度商标品牌论坛，邀请全国知名专家学者以及青岛海信、江苏小天鹅等众多全国知名企业负责人，就商标法律知识、商标经营中的战略战术问题，以及品牌的设计、培育、发展、创立到扩展的经验与心得等，发表真知灼见，传授品牌建设门道。此外，义乌工商部门还组织创牌企业参加韩国工业设计展、深圳商标节等国内外有关高层次活动，拓宽企业视野。

推行全员创牌，实现单一创牌向互动创牌的转变。义乌工商部门将扶持企业创牌作为每年的中心工作，提出"全员创牌"，要求每个工商干部联系一家创牌扶持企业，其中对重点企业进行多帮一的帮扶，实现了工商与企业的互动。2021 年新冠肺炎疫情期间，义乌市工商局又提出新的创牌目标任务，要基本形成渠道畅通的品牌培育机制，熟练运用商管、商评、异议、司法裁决等驰名商标认定途径，根据企业发展情况量体裁衣，构建镇街、工商、企业"三位一体"的创牌机制。

建立品牌培育库，增加既有深度又有广度的品牌培育机制。根据驰名商标、省和金华市著名商标的不同申报要求，建立企业梯级创牌数据库，编排企业 3—5 年创牌规划，坚持"成长一批，培育一批；发展一批，推荐一批；成功一批，充实一批"的策略，将潜力企业、高科技企业、重点外贸企业等优势行业创牌企业纳入品牌培育数据库，拉长企业创牌孵化期，完善重点品牌辅导期培训制度，增强创牌梯次队伍的厚度和储蓄能力，在时间上和空间上将更多企业纳入创牌队伍。

除了工商部门的服务以外，行业协会也提供了重要的帮助。以服装行业为例，为深入实施商标品牌战略和知识产权强省建设，在义乌市服装行业协会牵头、市场监管局负责指导下，义乌结合大陈服装行业二级综合体建设，将浙江省"品牌指导服务站"建设工作融入创新综合体项目中，建设了义乌市服装行业品牌指导服务站。服务站将省品牌指导服务站的功能扩充，不仅仅局限于知识产权服务，还延伸至检验检测、标准建设、产品质量、"守合同重信用"企业培育等市场监管领域。服务站紧贴企业需求，拓展企业销售渠道，在网红直播、天猫入驻、国际品牌授权等方面给企业提供帮助；在新产品定制开发、产品专利信息搜集、专利申请和布局、商标注册申请、版权登记及知识产权体检等方面提供服务；在申报高新技术企业、产品检测、标准撰写等方面提供技术支撑，为企业提供全方位、多角度、一体化的服务维度。

与此同时，服务站还引入第三方专业服务机构，配齐专（兼）职工作人员，充分运用"互联网＋"理念，积极搭建品牌指导服务线上线下工作平台，与企业加强联系和互动，从企业提出需求、专业机构走访调研、提出风险预警和整改措施、上门帮扶解决、汇总上报信息数据等每个环节制定时间节点，设定完成时限，为企业提供零距离、一站式、快捷化服务。

最后，构筑一流的品牌展示平台。为打响义乌品牌，义乌还着力构筑一流的品牌展示平台，营造缜密的护牌环境。

2020 年年初，根据党中央、国务院提出"创新展会服务模式""支持企业网上洽谈、网上办展，主动抓订单、促合作"的新要求，义乌市市场发展委努力在疫情中求变，危机中寻找机会，抢先出台了促进市场繁荣的 20 项行动，先后举办画框展、美博会、五金展、小商品制造展、婚庆礼品展、定制家居展、文具礼品展、机械及机电展、电商博览会、义博会、汽摩配展等 14 个线上展会。截至 2021 年 10 月，义乌市共举办商业性展览 27 个，成功举办 2021 第十三届全国婚庆道具、喜庆用品 & 仿真花、美陈道具（春季）交易会、2021 中国国际电子商务博览会暨数字贸易博览会、2021 中国义乌文具礼品展览会、2021 中国义乌物流经济产业博览会暨全球跨境电商大会、2021 中国义乌网络直播与短视频产业博览会、第十六届中国义乌文化和旅游产品交易博览会和第 27 届中国义乌国际小商品（标准）博览会等多个重点展会活动。系列展会展览面积 562500 平方米，参展企业 8900 家，标准展位数 24937 个，观众数 626908 人次。

2021 年 4 月 11 日，为期 3 天的 2021 中国国际电子商务博览会暨数字贸易博览会在义乌开幕，本届展会以"发展高质量电商　构建新经济格局"为主题，共有来自美国、英国、韩国、新加坡、印度尼西亚等国家在华企业代表和国内 19 个省市的 1082 家企业参展，设有国际标准展位 2103 个，展览面积 5 万平方米。三天吸引了 192 个团组共计 151236 人参观，其中义乌市外参会人数占 67%，现场达成合作意向 62427 个，意向成交 12.3 亿元。

3. 经验总结

义乌市经济的高速发展依靠产业集群的支持体系。首先，政府鼓励和扶持领先企业，加快企业品牌建设的步伐，营造创牌气氛，点燃市场参与主体的热情，让品牌观念走向经营户，让创牌意识走向企业主，让品牌经济成为义乌经济发展最强力的新引擎。其次，行业协会的引导和服务更加注重提升理念，实现"授之以鱼"向"授之以渔"的转变。创牌背后离不开对产品质量、产品研发、创新和产品营销的投资，促使集群内出现龙头企业和知名品牌。行业协会为企业提供知识产权服务、检验检测、标准建设、产品质量、品牌企业培育等领域的服务，有利于促进提升企业科技含量和发展势头，增强企业核心竞争力。最后，充分利用各种载体，加强集群品牌营销。通过各种媒体、各类会展、交易会等进行品牌宣传推广，加强知名企业与国际品牌企业的合作和交流，进行义乌品牌的国际化连锁经营。

（二）乐清市农产品公共区域品牌建设经验

1. 背景简介

乐清市位于浙江省东南沿海，为温州市所辖，南距温州市63千米，北距省会杭州248千米。乐清市经济发达，是中国市场经济发育最早、经济发展最具活力的地区之一。南部柳市地区是中国著名的低压电器之都，温台模式的发源地。北部雁荡山是中国十大名山之一，号称"东南第一山"，为国家首批5A级旅游景区，获"世界地质公园"称号。

乐清作为浙江省新"浙八味"培育品种和温州市"温六味"名道地药材铁皮石斛的核心主产区，获"中国铁皮石斛之乡""中国铁皮石斛枫斗加工之乡""国家现代农业示范区""国家铁皮石斛生物产业基地""全国一二三产业融合发展先导区"等国字号金名片。2020年，乐清以实施乡村振兴战略为统领，全面聚焦农业领域"六重清单"，提速提效推进"三强两促"行动，全力克服新冠肺炎疫情、自然灾害等对"三农"工作的影响，努力实现全年各项目标任务。乐清市获"中国茶文化之乡"称号，"雁荡毛峰"获"中华文化名茶"称号，雁荡镇能仁村列入第八批全国"一村一品"示范村镇名单，乐清"雁荡毛峰"成功冠名第十四届温州早茶节，乐清茶品在十大金奖茶评

108 国家智库报告

比中获 4 个金奖，获奖数在温州各县（市、区）名列首位。目前已培育省级杨梅"一品一策"示范基地 2 家、省级铁皮石斛"一品一策"示范基地 5 家、复查换证主体 18 家、无公害认证企业 8 家、绿色食品 4 个等。

2. 主要做法

一是加快产业融合和农业标准化进程。乐清依托地域优势，按照"提升一产、主攻二产、拓展三产"的产业发展格局，以农业全产业链建设为纽带，以省级农业产业集聚区建设为平台，以"雁荡山铁皮石斛"区域公共品牌为引领，通过"三产融合、三路齐驱、三力同发"等举措，获评国家农业农村部农村一二三产业融合发展先导区，乐清市西北部省级现代农业园区还列入省级创建名单，"一连三"的农业新业态快速发展。

根据《浙江省农业标准化生产示范创建（"一县一品一策"）2020 年工作方案》，乐清市制定了乐清市杨梅标准化生产示范创建实施方案。乐清市从建立杨梅标准化生产示范基地、构建乐清市杨梅全程质量控制技术标准体系、开展专项监管督查，严把产品质量关和标准技术推广及科普培训四个角度着手实施。

此外，为进一步完善农产品质量安全追溯体系，提高质量安全管理效率，切实保障农产品质量安全，根据《温州市农业农村局关于印发实施西部生态休闲产业带农产品"998"工程试点的指导意见的通知》，乐清市制定了《乐清市农产品质量安全"998"工程实施方案》，在杨梅、茶叶、铁皮石斛、枇杷、葡萄五大产业实施全程管控技术，通过 3 年的时间，实现农产品合格率 99.8% 的总目标、基地抽检覆盖率 100%、农产品可追溯率 100%，力争培育 50 个基地加入"998"质量安全联盟，使"998"质量安全联盟农产品成为市场公认的安全、优质、绿色的农产品，成为农产品区域公用品牌发展的重要增长极。

中国县域品牌影响力报告（2021）：推动共同富裕 109

二是积极探索农业保险政策，护航品牌建设。近年来，乐清市委、市政府高度重视铁皮石斛产业发展，通过区域品牌建设，推出扶持政策，提升企业抵御灾害和市场价格下跌的风险防控能力，护航雁荡山铁皮石斛这一金字招牌建设，助力乐清乡村振兴。乐清铁皮石斛经过多年的培育和发展，进入了产业化、专业化、规模化集群发展阶段，已成长为乐清市特色农业品种之一，但由于乐清地处台风多发区域，铁皮石斛种植存在着较高的气象风险因素，因此广大斛农对铁皮石斛种植安全方面的需求日益增加。

在为特色农业企业提升抵御灾害能力的同时，乐清积极探索惠农政策，于2020年4月率先在国内推出了大棚铁皮石斛价格指数保险，为广大斛农的种植生产以及石斛产业的发展再上一道"安全锁"。为稳定乐清铁皮石斛市场价格，乐清又引入价格指数保险机制，对获得雁荡山铁皮石斛农产品地理标志授权使用的种植企业开展大棚铁皮石斛价格指数保险试点工作。通过政策性价格指数保险，符合条件的铁皮石斛企业购买保险后，如农作物平均价格低于约定保护价，则触发理赔，可获得一定赔偿。2020年，乐清市首批30家石斛企业获赔总计220余万元的大棚铁皮石斛价格指数保险补偿。

三是广泛进行展会等体验式宣传。展会是一个向大众提供绿色农产品展示的平台，也是一个为农业企业提供优质农产品销售的平台。2020年1月初，乐清市人民政府和乐清市农业农村局共同举办了乐清农博会，展会为期5天，展销时间为1月3日至7日。现场共有145个展位，130余家企业参展。农博会上不仅集中展示了乐清粮食、蔬菜、水产、畜禽、水果、茶叶、石斛等特色产业的"名特优新"农产品，还展示独具地方特色的乡村特产与美食等。农博会以乐清农业企业为主体，兼顾域外农业，保留了援疆和扶贫对口展区，展示展销平阳县和新疆拜城县等地的特色优质农产品，并首次与农家乐美食一起进行

110 国家智库报告

大联展。展会以地方特产、有机、无公害、绿色农产品和品牌产品为重点，大力宣传乐清科普惠农新技术、新产品、新成果，促进农民增产增收，突出农耕文化与时尚休闲，突出品牌宣传与产品推广，突出电子商务与网络经济。

2020 年的农博会规模较往年更大，展示产品更加丰富，形式更多样，布局更优化。展会现场还就乐清两大公共区域品牌的产业—雁荡毛峰和雁荡山铁皮石斛开设了特色馆，并将其合并打造为国标馆。值得一提的是，展会期间，主办方完全实行农产品的质量可追溯，要求参展企业符合乐清市级以上农业龙头企业和农民专业合作社的标准，必须获得无公害农产品、绿色食品、有机农产品等证书，从源头上保证市民所购物品的安全性。展会现场还设置了多个网红拍照打卡点，让游客一站式尝遍乐清特色美食的同时领略乐清农耕文化。

3. 经验总结

乐清以乡村振兴战略为指引，积极转变农业发展方式，全力推动农业三产融合，积极推进农业数字化进程，广泛开展文化节和展会等面对广大消费者的体验式平台，走出了一条特色、生态、高效的现代农业发展道路。首先，乐清市取得的成果离不开区域品牌建设，其持续跟进"乐耕清耘"区域公用品牌和"瓯越鲜风"区域品牌建设，立足"雁荡山铁皮石斛""雁荡毛峰"产区优势，大力推进铁皮石斛产业集聚区项目建设。品牌建设离不开标准化的验收与监督，乐清市成立了标准化生产示范创建工作小组，市农产品质量监管科负责项目实施协调，全面推进标准化生产示范工作。其次，乐清市以乡村农旅融合公共服务平台建设为基础，设计全国农村一二三产业融合发展规划，推进田园综合体建设，持续发展多元化业态模式，解放了传统农业发展理念。最后，借助各种媒体平台，通过现场观摩、展会等多种形式，大力宣传标准化生产示范创建的重大意义和

中国县域品牌影响力报告（2021）：推动共同富裕 111

工作成效，继续做大做强，助推乡村振兴。

（三）另辟蹊径，农用品牌助力长兴发展

1. 背景介绍

长兴县隶属于浙江省湖州市，位于长江三角洲中心位置，与苏州、无锡隔湖相望，距上海、杭州、南京、宁波、苏州、无锡等大中城市均在 150 千米左右。

长兴县拥有丰富的土地资源，其中耕地 60 万亩，可开发旱地 10 万亩，林地 90 万亩，水面 10 万亩，是国家的"粮油大县""商品粮生产基地县"和浙江省的产油大县。长兴名特优新产品十分丰富，有闻名海内外的"太湖四珍"：银鱼、白壳虾、鲚鱼、大闸蟹；有久负盛名的"长兴四宝"：银杏、板栗、青梅、栝楼；有令世人称绝的"品茗三绝"：紫笋茶、紫砂壶、金沙泉等。长兴西倚天目、东临太湖，形成了山水相间的优越自然环境，自然、人文景观丰富别样，旅游资源开发潜力巨大。如今长兴已经拥有"省级生态县""国际花园城市""省森林城市""省旅游经济强县"等众多名片。

近年来，在省委、市委的大力支持之下，长兴县充分发挥本地的自然优势，以"品质强农、商标富农"为目标，围绕促进农业增效、农民增收、农村发展，坚持把农产品品牌建设作为增强农产品竞争力、提高农业效益的重要举措，鼓励全县规模较大的农业公司、家庭农场开展标准化生产、提升农产品品质，引导农业大户注册农副产品商标，培育出一批优势农产品知名品牌。目前，长兴县 90% 以上农业企业拥有自己的注册商标，总量达 2360 件；全县拥有农业商标品牌集聚群 1 个、证明商标 5 件、地理标志证明商标 4 件、普通证明商标 1 件、集体商标 7 件。

112　国家智库报告

2．主要做法

一是立足本地农业资源，打造特色农业品牌。2007年在当地工商部门（2014年机构改革后成立的现市场监管部门）的协助下，本地第一个农业品牌"城山沟"商标成功注册。依靠这个农产品商标，本地桃子的知名度越来越大，"城山沟"水蜜桃先后被评为湖州市无公害食品、绿色食品及森林绿色食品，荣获了"绿色食品"证书、浙江省精品水果金奖等多项荣誉。产品开始畅销全国各地，并深受国内外消费者的喜爱。

"城山沟"牌水蜜桃的走红让很多农民开始重视起商标品牌。为提高广大农户的商标品牌意识，长兴县市场监管局坚持实施商标品牌战略，深入推进"品牌富农"工程，积极通过各种渠道，开展针对农村、农业、农民的商标品牌知识培训和宣传，努力扭转一部分人关于"商标就是贴个牌子"的粗浅认识。目前，长兴县拥有农业普通商标2330件，农业龙头企业352家，农民专业合作社620家，家庭农场652家，其中95%都拥有了自己的注册商标。随着越来越多农产品商标的注册，长兴的农产品销量也逐渐攀升。

为确保长兴县的农产品都能被大家所熟识，长兴县积极开展区域农产品公用品牌的注册推广，目前正在积极申报区域农产品公用品牌——"长兴鲜"。借助"长兴鲜"这一品牌优势，长兴紫笋茶、长兴葡萄、许长芦笋、吕山湖羊等10余种特色农产品都开始走出长兴，进入国内各大城市甚至是国外市场，打响了产品的知名度。

二是生产检测双管齐下，从源头保证产品品质。打造品牌只是第一步，如何守住品牌才是关键。为了保障农产品品质，长兴县大力推行农业标准化生产，建设标准化示范农场，努力做到"生产环境不污染、违禁农药不使用、化肥使用不超量、农药残留不超标、产品质量有标准、包装标识有规范"。在政府部门的大力支持下，各种农产品合作社坚持科学的管理模式，构建了监督巡查机制，建立了统一的生产模式，同时注重强化质量监测工作以确保质量追溯。在生产上，合作社通过农民信箱等信息平台，把每一个区块的防治情况进行预报，并给出施药、浇水和施肥方案，要求农户根据用量及时统一防治、滴灌和施肥，合作社自主研发了酵素肥料，将裂果、果皮等粉碎后加上红糖进行发酵，产生的液体稀释后当叶面肥喷洒，渣滓则直接用于土壤施肥。这样一来，既减少了农药使用量，加强了农田肥料的利用效率，也减轻了土壤盐渍化。

除了生产过程的严格把关之外，长兴县农产品的流通环节也有严格的要求。在生产运输过程中，长兴县紧抓农产品检测不放松，通过对农产品的定期检测，保证流通农产品的安全性。长兴县市场监督管理局检测中心专门成立了农产品检测小组，全程对全县的农产品进行监管和抽检。每个乡镇市场监管所和规模以上企业主体内还成立了快速检测室，负责当地辖区农产品的检测。长兴县每年对多达 1000 批次的农产品进行检测，实现了流通领域的严格管控，进一步打造放心的消费环境。

三是精准对接目标市场，线上线下推动品牌市场化。在大力培育和发展农产品区域公用品牌的同时，长兴还积极对接市场，推动长兴品牌的推广。一方面，以"现场发布会＋农事节庆活动"的形式，多渠道宣传推广提高品牌知名度。长兴县紧紧围绕"政府主导、社会参与、市场运作"的办节方式，以"文化搭台、经济唱戏"为宗旨，按照农业七大特色产业区域布局及发展规划，立足生态特色、乡村特色，结合农产品生产季节，相继推出了梅花节、桃花节、河蟹节、樱桃节、银杏节等一系列农事节庆活动，逐步形成了"一乡一节、一品一节、一月一节"的农事节庆活动，走出了一条产业融合、互促共赢的乡村农事节庆旅游发展新路子，有力地提升了全县农产品的市场知名度和美誉度，扩宽了特色农产品的销售渠道，为全县乡村农业和旅游业的蓬勃发展以及农民增收发挥了明显带动作用。

另一方面，坚持"线上线下"同轨推进原则，充分结合本地农产品资源和当地文化特点，建立以"长兴鲜"农产品营销平台为主导，景区、酒店、民宿和抖音、农村淘宝等线上线下营销体验网点为依托的"1+N"营销模式走出了一条"文化+农产品"的新的销售方式。在疫情期间，长兴依托发达的自媒体，邀请多位网络达人对长兴农产品进行推广，并联合抖音、微博等平台，通过直播间转发送门票，拍摄景区视频赢礼品等方式推动线上用户向线下的引流，实现了线上线下的同轨推进，不仅促进本地农产品的销售，还带动了长兴线下的旅游。

四是打造特色品牌小镇，加强小镇商标品牌建设。在推进农业品牌化的同时，长兴县还跟随国家政策，从顶层设计出发，对本地小镇进行分析定位，坚持"特色为本、品牌为心、文化为魂"，明确小镇特色，逐步培育和建成具有本地特色的小镇。

第一步是加强小镇名称的知识产权保护。引导画溪新能源小镇、图影演艺小镇等特色小镇进一步提高知识产权保护意识，开展特色小镇名称及图形商标注册工作，保护特色小镇冠名的唯一性，提升小镇经济的社会辨识度。通过小镇名称及图形商标注册，进一步统一小镇特色产品、旅游观光、公共服务的标识标志，加强小镇品牌形象与规划设计，为特色小镇扩大社会宣传，打响特色镇域品牌，提升影响力和美誉度。

第二步是强化小镇特色产业的品牌培育。鼓励特色小镇的智能电动汽车、新能源、特色旅游、大型游乐园、特色农业等主导产业注册集体商标、证明商标，规范使用注册商标，形成品牌凝聚力，凸显品牌价值。在特色小镇产业品牌培育服务上，引导有实力的知识产权服务机构与行业协会有效对接，推荐优秀知识产权代理机构提供近距离专业服务，以商标品牌为抓手引领特色小镇相关产业提升发展。如今长兴已经形成了新能源小镇，创建了太湖演艺小镇，另有乡村民宿小镇还在培育当中。

中国县域品牌影响力报告（2021）：推动共同富裕 115

第三步是提升小镇龙头企业的品牌意识。选择特色小镇的龙头企业，大力实施"名品"战略，制定梯队培育计划，着力培育一批在全国有影响力的知名品牌。依托支柱产业和龙头企业打造区域品牌，形成特色小镇、支柱产业、产业链、龙头企业联动发展格局。建立以商标为主要抓手的"名品"工作推进机制，在品牌运作、品牌提升、品牌宣传等方面形成工作合力，打造品牌建设的"快车道"。

五是推动品牌文旅融合，助力乡村振兴。长兴依托特色产业、优势产业，充分发挥乡村各类物质与非物质资源富集的独特优势，利用"旅游+""生态+"等模式，推进农业、林业与旅游、教育、文化、康养等产业深度融合，逐步走出了一条有长兴特色的文旅发展之路。长兴还健全完善农事节庆活动机制，促进休闲农业转型发展，加大太湖风情、江南茶乡、农园新景、希望田野、梅映乌龙、山水古韵6条乡村振兴示范带的发展力度，形成联动发展新格局。

目前，各乡镇都依托自身的资源特点形成了自己的农旅发展之路。其中，和平镇立足山地资源，将生态优势和农业产业优势紧密结合，形成集产业发展、农事体验、休闲观光、文化传承于一体的生态休闲产业。在传统农田向美丽田园转变、农业园区向旅游景区转变的同时，和平镇挖掘生态资源、自然特色、区位优势、文化底蕴等方面的潜力，紧密结合生态文明、美丽乡村建设，并聚焦发展模式和运行机制创新。

水口乡以"全域旅游+"打造农家乐、民宿等产业集群，推动全乡经济高质量、可持续发展，被誉为"上海村"。美景、美食、农事活动与民宿相结合、一站式"迎客"的模式，积极带动了当地产业发展。水口乡的乡村休闲酒店、民宿集聚区以及其他特色住宿设施的多样化发展，让民宿产业成为"过夜经济"的重要一环，也成为乡村生活的展示平台、农特产品的销售平台以及地方文化的传播平台，高品质、标准化、多样化的民宿产业让水口的乡村休闲旅游"越夜越美丽"。

泗安镇立足环境综合整治，将小城镇环境综合整治行动与美丽乡村建设、"三改一拆"、"四边三化"等工作统筹协调，继续巩固人居环境"百日攻坚"成果，深化美丽城镇建设，着力提升城乡生活品质。泗安镇还"大力发展旅游，建设旅游型美丽乡村"，以苗木花卉种植销售和旅游业为主导产业，并开发民宿产业，走出了乡村振兴之路。

六是依托现代信息技术，农业迈进"数字时代"。近年来，长兴县顺应现代农业发展需求，不断提升农业领域的整体数字化水平，推动现代农业向"数字化融合"转变；探索应用无人机观测、遥感信息、地面传感等技术，推动农业生产环境智能感知、预警决策、智能分析；提升农业机械化水平，实现人力和生产资源双重减负。两年前，该县成功创建全省"机器换人"示范县，目前已建设智能化农业园区 6 个、农业物联网应用示范点 72 个，主要农作物综合机械化水平达 90% 以上。

如今，智慧农业云平台已在测土配方施肥、水肥一体化、病虫害防治、生长环境监测、气象灾害监测、旱涝防御等领域全面应用。长兴县还投入 2500 万元打造产业发展融合示范项目，依托"乡村大脑""未来乡村"等平台，归集了各级涉农协同数据 380 多万条，实现了对县、镇、村三级数据的实时动态监管，确保全县农产品抽检合格率持续保持 99% 以上。

长兴县充分整合农产品供应链、智能物流等资源，健全农村电商公共服务体系，打通农产品出村进城最初和"最后 1 公里"。目前，全县已建成县级服务中心 1 个，所有乡镇均设有服务平台和物流中转站，村级电商服务站点 625 个，快递物流服务中心 127 个，拥有日处理 20 万件全自动快递智能分拣设备 3 套。

3. 经验总结

一是充分挖掘本地区资源，打造本地农产品品牌之路。中国是农业大国，很多地区依旧是以农业发展为主，但是缺乏知名的农产品品牌，因此农业发展也受到诸多限制。这些地区可以借鉴长兴县的做法，充分结合本地区资源特点，塑造地方主导产品或者产业，逐步打造具有本地特色的农产品品牌。首先，建立一支包括农业专家、农户代表以及当地农业主管官员的专业队伍，明确相关职责，准确把握本地农业资源的整体特点与发展现状。其次，善于找出自身优势，这是因为区域公用农业品牌具有非常明显的特点，要培养出某种特性的农产品就只有在这个地区进行。特定的气候土壤条件会使特色农产品比普通农产品在某方面的特点更为突出。当地可以根据对比化验等，选出一种或者几种农产品作为农业品牌的重点培育对象。最后，根据特色农产品设计统一的农产品品牌，通过申请商标等途径给本地特色农产品打上统一的符号，给消费者形成深刻印象。

二是加强源头控制和过程管理，重视农产品品牌质量。一种产品要得到市场的认可，能够在激烈的市场竞争中长久立足，需要有过硬的产品质量，只有这样才能撑起品牌长期发展的动力。农业部门可以对本区域的种植户进行技能培训，提升其种植水平，实现对种植方式的标准化，以保证农产品质量的一致性；利用现代化提高效率、降低种植者的劳动强度；引进和学习先进的管理方法和手段，实现农产品种植、收购、存储、包装、销售、售后等整条价值链上所有环节的规范化；构建网格化农产品质量安全监管体系，实现农质安全监管、农质检测、农业投入品监管、农业执法等全地域全环节覆盖；加强农产品准入、标识和查问体系建立。

三是充分挖掘本地资源文化内涵，深层次推动农旅融合，以品牌促发展，延伸拓展农业的多功能性，促进农区变景区、田园变公园、产品变商品，开展农业＋康养农业＋文创农业＋旅游等新产业新业态，推动农商文旅体融合产业开展有机地结合，促进农产品品牌对消费者构成更强的心理说服力和持久魅力。深入挖掘地方农耕传统文化习俗，推进重要农业文化遗产申报，将本地文化等元素融入农产品品牌形象，打造农业文化遗产品牌。提升优化本地农耕文化特色的农副产品品牌，打造系列文创品牌。

四是依托现代网络广泛宣传，多渠道营销提升品牌溢价。坚持政府引导、市场化运营的原则，依托专业的互联网品牌宣传公司进行农业专业品牌打造，通过优质产品源、初级市场商品、高端品牌培育、市场造势宣推全过程闭环运营，构成流水线工作模式，为农产品进行专业品牌包装、资格认证和市场宣推，将农产品转化为商品，提高本地区农业品牌的市场影响力和知名度。源头农产品的生产须按照后续加工、销售和品牌塑造的要求，建立各类标准化的生产制度，严格把控产品质量和标准化程度，由第三方权威资质认证机构对初级农产品进展资质认证，并对农产品进展收储，借力宣销平台、渠道造势，将本地区农产品打造成为高端消费市场热卖品牌。同时，拓宽渠道，扩散品牌影响。农产品品牌孵化成功并进入量产阶段以后，需要同本地电商进行合作，通过广覆盖、高效率的销售网络渠道和仓储物流配送体系，线上线下实现农产品与消费者之间的快速便捷对接，摆脱以往农产品面对面销售的低效模式，采用线上绿色通道和线下商超、第三方销售渠道等多种销售形式，扩大了农产品品牌的影响范围，增加农产品的市场占有空间和占有率。依靠成熟的宣传和销售渠道，将本地的特色农产品打造成高质高端的代表，进一步提升产品溢价，实现农业品牌带动当地经济发展。

五是立足本地实际，打造特色小镇。首先，特色小镇是提升本地知名度、打造本地特色品牌的另一重要途径。特色小镇是建制镇、工业园区、经济开发区、旅游区的有机结合，具有明确的产业定位、文化内涵、旅游特质，聚集"产、城、人、文"的重要功能，能够吸引同类业态高端要素的聚集。其次，

中国县域品牌影响力报告（2021）：推动共同富裕　119

特色小镇的建设要融入旅游功能特质，其作为地区品牌会在某种程度上吸引外来游客，因此需要把本地的山水风光、地形地貌、风俗风味、古村人居、人文历史等特质融入特色小镇建设当中去，打造具有本地特色的旅游景区，并多元化赋予景区旅游以休闲、工业、体验、健康等多种方式的旅游方式。特色小镇在建设过程中要注重文化传承和保护，把文化基因融入产业发展全过程，形成"人无我有"的区域特色文化，把文化塑造成特色小镇的灵魂。最后，政府在特色小镇的建设中给予一定的政策扶持，并在做好小镇建设规划时，对小镇建设进度、用地情况、新增税收、高端要素、产业特色打造等方面进行综合管理，确保建成特色鲜明、产业突出、旅游多样、文化底蕴深厚的特色小镇。

（四）互联网思维助力曹县"网红"之路

1. 背景简介

2021 年 4 月，位于山东省菏泽市的曹县突然因几则简短的"喊麦"视频爆红互联网，短短 1 个月内，短视频平台（抖音）上以"曹县"为关键词的视频的总播放量达到 2.68 亿，微博平台上曹县相关话题的阅读量超过 5 亿，曹县摇身一变成为现象级网红行政县。

曹县隶属于山东省菏泽市，其历史悠久，古称曹州，又名"商汤开国地""华夏第一都"。曹县人口超过百万，是山东省内第二大人口县。近几年，曹县经济发展迅猛，GDP 在全省排名稳步向前，在菏泽市内稳居第 2。曹县的文旅资源较为薄弱，而农商产业部门较为发展，经营了芦笋、纺织、橡胶、木材加工等支柱产业，坐拥国内首批规模化克隆牛实验基地。曹县是中国食品工业 100 强县，是中国百万优质棉生产基地，也是中国最大的汉服生产基地。曹县有国内最大的桐木加工厂，是全国三大千亿级木制品产业集群之一。据日本电视台数据显示，曹县已垄断日本 90％ 的棺材市场，其配套寿衣产业也在日本生根开花。

线下坚实的产业基础是曹县拓展互联网业务的保证，目前曹县的电商业务正在迅猛发展。据阿里研究院 2020 年的数据显示，曹县凭借演出服、木制品销售等，以 151 个淘宝村、17 个淘宝镇的密度高居全国淘宝村 100 强县第 2 位。

2. 主要做法

首先，拓展互联网思维，在新旧动能转换中打造"淘宝县"，为走红蓄能。曹县的网络走红，既是短视频时代的偶然，也是曹县多年来深耕互联网的必然。

10 年前，曹县曾是以外出务工为主的劳务外输地区，外出人员占到了全部劳动力的三成左右，劳动力流失严重。随着国内工业化不断发展，市场竞争日益激烈，林木、食品加工以及纺织等传统产业面临的形势严峻。创新不足的"加工厂"定位及粗放式生产始终不是长久之策，传统支柱产业的前景不容乐观，在经济和环境的双重压力下，曹县产业转型及新旧动能转换迫在眉睫。

电子商务的发展，不仅为曹县带来了转机，也为曹县商业县域品牌的形成奠定了基础。淘宝等线上销售渠道的快速发展，让一些经营传统产业的曹县居民嗅到了商机。随着零星网店的成功，电子商务这种"坐在家里赚大钱"的新兴事物吸引了越来越多的人参与其中，曹县居民拓展起互联网思维，从传统戏服生意到工艺木制品，一个个背靠曹县传统产业的网店纷纷"落户"曹县，曹县的电商规模日益壮大。

曹县及时捕捉到电子商务的发展势头，探索形成了"一核两翼"电商发展模式，即以农民大规模电商创业就业为核心，以电商平台和服务型政府双向赋能为两翼，通过农民的大规模

中国县域品牌影响力报告（2021）：推动共同富裕 121

电商创业就业实现乡村振兴。为进一步打响曹县电子商务这块牌子，县政府还出台了一系列促进电商发展的政策：例如，各乡镇街道成立电商领导小组，县政府新设直属单位——曹县电子商务服务中心，负责电子商务的规划制定和组织实施；大力进行媒体宣传，营造曹县依靠发展电商实现增收致富、发家致富的氛围；建设一批电商产业园区，力图形成特色鲜明、产城融合的产业布局；完善基础设施建设，修整公路，改造电网，实现下辖村互联网宽带全覆盖，同时引进物流公司，降低县域物流成本；协调各商业银行积极开发支持电商发展的金融产品，提供专项贷款等。

在政府和效益的双重推动下，曹县电商为传统农副产品精深加工提档升级注入新动能，支撑曹县电商行业发展的两大支柱，即戏服汉服以及木制品。曹县电商业务成绩喜人，电子商务这块招牌也越叫越响。据曹县政府数据，截至 2021 年，作为全国第二大淘宝村 100 强县的曹县已坐拥 5000 余家电商企业以及 6 万余间网店，其电商行业前后共吸引超 5 万人返乡创业，带动就业 35 万人，实现精准脱贫 2 万余人。2017 年以来，曹县先后被授予"中国最大的演出服产业集群""中国最大的木制品跨境电商产业带""全国全网销售百强县""全国电子商务促进乡村振兴十佳县域""全国电子商务促进乡村振兴十大案例""阿里巴巴集团乡村振兴调研基地"等荣誉称号。

其次，借势网络爆红热度，县长亲自"披挂上阵"，变被动为主动。据南海网海南舆情研究中心的网络舆情监测系统显示，2021 年 5 月 16 日开始，"曹县梗"在网络平台上迅速发酵，短视频平台（抖音）上#曹县、#山东菏泽曹县两个话题的总播放量已超过 5.1 亿次，曹县由此跻身"网红"之列。令人惊喜的是，"汉服""戏服"等关键词也有较高的出现频次，这反映出曹县在网络走红之后，相关产业的宣发能够迅速跟进，及时吸引舆论热度，使得公众在被"喊麦"吸引之余，能够给予曹县的支柱产业乃至整体品牌形象以广泛的关注。

事实上，曹县县政府对于此次热度的反应十分及时。走红伊始，曹县县委副书记、县长梁惠民就在一场座谈会上针对曹县的网络走红做出了迅速回应。他说："各位网友对曹县的关注度非常高，不论是正面的还是调侃的，我们都欢迎大家到曹县走一走，看一看我们真实的曹县。"梁惠民曾亲自上阵为曹县的汉服及芦笋"直播代言"，其中她参与的芦笋直播更是在两小时内售出了3000余单。县长亲力亲为是曹县承接这波爆红热度的底气，也使得众多网友在"玩梗"之外，对曹县电商这一品牌有了更深入的了解。梁惠民在后续采访中提到，网络"走红"是好事，这宣传了曹县，对产业的拉动、带动会有很好的影响，如果曹县有短板、有问题，网友提出的建议也会让我们更好地改进。

最后，让"网红"成为长虹，产业转型持续发力。曹县走红后，如何善用这波热度成为网友争相讨论的话题，曹县自身也在积极思考，如何进一步宣传曹县，如何把曹县的招牌推得更广，将一时的网络走红转化为助推曹县事业长虹的不竭动力。

对此曹县县长梁惠民表示，在省委、省政府产业结构转型升级的政策下，曹县的传统产业也要进行升级，"我们也在思考如何延续公众对曹县的这种关注度，让曹县的各项产业都能插上互联网的翅膀，近期我们计划根据产业发展需要做一些专项推介"。针对曹县的品牌化之路，她说："我们会加强和网民的联系，在品牌创建和产业发展上都要加大力度，其中很重要的抓手就是对人才的培训和培育。"曹县已经实施了多样的人才引进政策，在创业和住房等关键问题上施惠，据自主统计，曹县几年来已吸引3000余大学生赴曹创业。下一步，曹县将就如何让人才回流回乡进行更深入的考虑与打算，通过吸引人才，留住人才，为曹县电商产业的未来注入持久活力。

曹县副县长孙元涛在参与活动时还指出，完善数字化建设，

中国县域品牌影响力报告（2021）：推动共同富裕 123

全力推进农村电商发展是曹县未来的打算之一。据他介绍，曹县计划深入开展数字城市建设，推动产品供应链及数字体系的不断完善，全力实现农村电商跨行业、裂变式发展。

3．经验总结

从倚靠传统工业营生，到人尽皆知的"北上广曹"，在这一过程中，互联网的作用功不可没，曹县人民的智慧和勇气同样必不可少。打铁还需自身硬，曹县这个名不见经传的小城能够为人所知，靠的是互联网传播的迅速高效，更靠的是曹县人民一贯的互联网思维。

曹县电商业务起步于1997年。在淘宝等一众线上平台还未出现时，曹县人民大胆探索电商业务，在摸索的过程中逐渐形成互联网思维。互联网思维与传统思维不同，倡导积极地通过互联网获取生活乃至工作思维方式的创新，是一种高度重视互联网的思维。互联网思维为曹县电商产业的形成与壮大奠定了基础，为"全国第二超大淘宝村集群"这一品牌形象构建了雏形，也为曹县的网络走红积蓄了力量。

对新事物报以宽怀接纳的态度，也让曹县人民在方方面面获益。从木材供应到棺椁制造再到依托纺织业优势的配套寿衣生意，从纺织加工到戏服产业再到全国最大汉服生产基地，曹县人民用心学习新事物，助力产业不断更新升级。在网络走红面前，曹县人民积极接纳外界的审视，迅速转变思路，钻研如何在形象宣传中活用网络热度，如何借助外界关注促进本地产业的进一步发展。不仅如此，曹县正准备将更多精力投入到创新中去，让创新成为曹县电商发展的永久动力。

（五）四面开花，最强昆山

1．背景简介

2020年全国100强县中，昆山市再一次夺得头名。其全年

GDP 高达 4250 亿元，甚至高于部分省会城市。这已是昆山市连续第 17 年拿下全国 100 强县之首。

昆山市隶属江苏省，为省辖县级市，现由苏州市代管。昆山位于江苏省东南，毗邻上海与苏州，具有得天独厚的政治经济区位优势。其地处长江三角洲太湖平原，境内河网密布，亚热带季风气候宜人，自然景观资源丰富多样。昆山市有 2000 多年的悠久历史，文化底蕴深厚，是"百戏之祖"昆曲的发祥地，是"中国第一水乡"周庄古镇的所在地，阳澄湖大闸蟹、奥灶面等当地特色美食也颇具盛名。

在 100 强县排名之外，昆山还持续摘得多项县域排名桂冠。在耀眼的成绩下，昆山市坚持全面发展，充分利用现有资源，力图打造从营商环境到文旅体验等涵盖各个方面的多样化县域品牌。

2. 主要做法

一是打响开放型经济品牌，助力企业在昆"如意"。"开放开发、外向带动"是昆山市走出的一条特色之路，也是昆山市经济发展的一张闪耀的名片。

1984 年 8 月，昆山抓住国家大力实施沿海开放战略的机遇，自费创办了开发区。昆山将"东依上海、西托'三线'、内联乡镇、面向全国、走向世界"作为经济发展的总体思路，对外招商引资，对内与其他地区联合，使本地工业规模迅速扩大。进入 20 世纪 90 年代，昆山市继续紧跟政策，以邓小平同志南方谈话为动力实施外向带动战略。这一时期，昆山集中力量树立自己的投资品牌，在抵抗东南亚金融危机负面影响的同时，不断强化"昆山就是开发区，开发区就是昆山"的理念，全力打造亲商、安商、富商的"昆山服务"品牌，全面改善投资环境。在各方努力下，昆山市的各类企业开始由分散经营逐渐向产业化集聚发展，各类整合工业园区如雨后春笋般形成。昆山的品牌日渐响亮，对外资的吸引力也就愈发增强，外商台商等外来资本大批涌入。在产业的积聚效应之下，开放型经济逐渐成为拉动昆山经济增长的主要力量。

新时代来临，高质量发展成为重中之重。昆山市大力推行以科技创新为核心的全面创新，推进开放型经济向着中高端方向发展。产业创新发展的同时，服务也要创新。在昆山，"人人都是投资环境"的理念已经深入人心，昆山还将"昆山服务"作为新时期发展的核心竞争力。2020年，在新冠肺炎疫情的影响下，昆山市提出了全新的"昆如意"营商服务品牌，要做到政策优惠最大，办事效率最高，企业服务最好，技术手段最先进，在为"昆山服务"注入全新内涵的同时，用服务创新助力企业高质量发展，让在昆投资营商的广大企业家能够真正"如意"。

二是打响长三角优势文旅品牌，"江南片玉，灵秀昆山"。昆山市位于经济发达的长三角地区，地理条件优越，文旅资源众多，拥有"中国第一水乡"周庄、"百戏之祖"昆曲、阳澄湖大闸蟹等一批特色旅游品牌。昆山选择"江南片玉，灵秀昆山"作为自己的旅游品牌形象，"片玉"二字取自《晋书·郤诜传》中的"犹桂林之一枝，昆山之片玉"。原文中的昆山指昆仑山，此处巧用谐音，将文化底蕴丰富的昆山比作了江南宝地上一块珍贵的玉石；灵秀昆山既点出了昆山灵山（玉峰山）秀水（"中国第一水乡"周庄等水色古镇）的城乡风貌，还刻画出了一个灵动、秀美的昆山。

有了品牌形象还不够，最重要的是如何将形象推广出去。昆山充分利用自身得天独厚的区位优势，将目光投向了上海及江浙各大临近城市的优质客源，明智地选择长三角作为其国内文旅品牌推广的主要阵地。

2018年起，昆山与上海就"合作发展"展开了频繁的交流活动。在2018昆山国际文化旅游节上，昆山旅游度假区、旅游局与上海青浦区、嘉定区旅游局、江苏太仓市旅游局签订了"嘉昆太"区域旅游合作框架协议，意在通过嘉昆太三地广泛的市场合作，推动三地互推旅游产品、互通旅游联票，共谋融入上海的文旅发展之道。近年来，昆山更是频繁地将推广会、展示会等搬到上海，与目标群体零距离对接宣传。2021年7月，位于上海虹桥站乡愁小栈城市展厅举办了一场由昆山市委宣传部指导，昆山旅游度假区、周庄镇等地共同主办的为期3个月的大型文旅形象展。展览每月更换主题，从昆曲到大闸蟹，向上海乃至来往的各地旅客送上了一场文旅盛宴。2021年戏曲百戏（昆山）盛典也在上海设立了形象展厅以及服务站，力图让韵味昆曲为昆山文旅引流。

浙江也是昆山品牌推广的重要目标。2020年6月，"诗画江南　大美昆山"昆山旅游（杭州）招商推介会在杭举行，昆杭两地一道共商旅游资源的对接融合，计划围绕昆山文旅融合开展一系列的交流合作。昆山宣传的脚步还奔向南京，"诗韵江南　夜享昆山"2020昆山旅游（南京）业内推介交流会成功举办，会上两地旅行社代表签署了携手共促两地旅游发展的框架协议，共谋疫后文旅复苏之路。

三是打响区域农业公用品牌，用"昆味到"迎八方客来。昆山市响应国家农业品牌提升行动的号召，于2018年创立了农产品区域公用品牌"昆味到"，涵盖有巴城葡萄、张浦梨、淀山湖黄桃、玉叶蔬菜、昆山麻鸭、梅山猪肉等百余种昆山本地优质农产品。围绕"昆味到"品牌建设，昆山市积极开通、完善"昆意农"微信公众号，为市民搭建购买本地优质农产品的放心平台；通过"品牌＋平台＋N种产品"的形式，让品牌增值收益在农业企业、农民间合理分享，让市民与优质农产品零距离，让大家亲口体味"鱼米水乡，昆山味道"。

图 6-1 "昆味到"品牌商标

为了保障"昆味到"区域公用品牌的产品品质,保护"昆味到"这一区域公用品牌的质量,昆山市委托专业代理公司建设品牌管理体系,围绕许可准入、评定授权、标识管理、退出机制等方面进行了全面建设。一是统一标准,严把品牌准入关,制定《"昆味到"产品评定细则》,防止品牌滥用,让稳定可靠的产品质量成为"昆味到"成功创牌的关键;二是强化知识产权理念,严格授权,通过规范品牌管理等手段,强化农产品质量监管;三是采用"一证二标"的模式,通过授权机制发放品牌准入授权证,实行"昆味到"集体商标与企业商标同时使用,实现"昆味到"产品的识别、查询、追溯一体化。

如今,在"昆味到"区域公用品牌的支撑下,昆山美食节、"昆味到"品牌战略联盟论坛等项目正在如火如荼地开展当中。"昆味到"自营网络商城也迎来了第三方电子商务平台入驻,近百种农产品将实现与目标市场的直接对接，品牌影响力和销售范围将得到进一步扩大。

3. 经验总结

在昆山市的成功品牌化背后，我们难以忽视雄厚经济实力和天然政策优势起到的巨大作用。昆山市的成功不易模仿，但在资源有效整合与充分利用方面，昆山市为县域品牌建设提供了通用的宝贵经验。

昆山市体量巨大，优势面众多，整体县域形象难以以一概全。昆山所做的不是整体布局的大工程，而是选取经济、文旅、农业等有一定发展基础的部门，打造多个细分的县域形象，如：浓缩昆山多年经济发展成果的开放型经济品牌，配套开放型经济发展、助力招商营商的"昆如意"投资品牌，依托昆曲文化、水乡周庄等经典资源的"江南片玉，灵秀昆山"文旅形象品牌，统筹昆山农产品生产经营形象的"昆味到"农业区域公用品牌等。昆山市在"小品牌"各自取得的成功之上，通过进一步的推广融合，构建出属于整个县域的大品牌，实现昆山市在品牌建设方面的全面发展。

昆山市的品牌形象建设并非一蹴而就，组成整体品牌的各个小品牌的建设与发展都有其各自的时间阶段。例如，"开放型经济"早在改革开放前就已显露雏形，这一品牌实为40多年来随昆山市经济发展不断完善的结果，与之相对，区域公共品牌"昆味到"则是昆山市结合农业发展现状于2018年全新推出的品牌。地区在不断发展，县域品牌建设需要在发展的过程中不断创新。昆山市坚持为品牌形象注入新元素，县域品牌持续成长完善，用"进行时"而非"完成时"，更加生动地向世界诠释着焕发蓬勃生机的美丽昆山。

中国县域品牌影响力报告（2021）：推动共同富裕 129

（六）依托自然旅游资源打造文旅休闲之都——都江堰

1. 背景介绍

都江堰市位于成都平原西北边缘岷江出山口处，因世界著名水利工程——都江堰、中国道教发祥地——青城山而闻名遐迩；也是世界文化遗产、世界自然遗产、世界灌溉工程遗产所在地。都江堰市东与彭州市、郫都区、温江区交界，西、北与汶川县相连，南邻崇州市；距成都市48千米。

自1977年，国家批准灌县为对外开放旅游城市以来，都江堰市先后荣获"全国重点文物保护单位""国家级历史文化名城""全国文化先进市""国家级卫生城市""中国优秀旅游城市""世界文化遗产""中国人居环境范例奖""迪拜国际改善居住环境良好范例奖""最佳中国魅力城市""世界自然遗产""全国5A级旅游景区""中国长寿之乡""杰出绿色生态城市奖""2015中国旅游创新奖""2018中国旅游影响力区县TOP10""国内最佳旅游景区""国内十大优秀景区"等荣誉称号。2020年，都江堰市接待游客2622万人次，其中城市游接待游客762万人次，景区游接待游客454万人次，乡村游接待游客1405万人次。全年实现旅游综合收入312.76亿元。

2. 主要做法

第一，坚持可持续发展战略，保护本地绿色发展资源。近年来，都江堰市大兴植树造林，大力实施"长防"工程、"天保"工程和退耕还林（草）工程，新增绿地面积31.11万亩。在城市绿化方面，采用"腾地造绿，破墙透绿，借地还绿，见缝插绿"等多种方式相结合的办法，努力扩大城市公共绿地面积，建成了"一个绿色心脏、五条绿色彩带、六条绿色长廊、十八颗绿色宝石"为支撑的城市绿地系统，形成了以"大环境为依托、公共绿地为重点，道路河堤绿化为骨架，专用绿地为补充"的城市绿化新格局。全市绿化覆盖率达54.02%，森林覆盖率达53.86%，总绿化率为94.73%。

都江堰市坚持以生态学和生态经济学原理为指导，注重经济发展与生态保护相结合，以推进生态环境建设为先导，确立了"坚持可持续发展，建设生态文化旅游城市；坚持防治结合，营造绿色人居环境城市；坚持依法行政，塑造环境管理精品城市"的环境方针和"建立绿色政府、经营绿色城市、发展绿色经济、推广绿色生活、倡导绿色文明"的发展目标，着力构建绿色经济生态系统，走出了一条富有都江堰特色的经济社会可持续发展道路，有力地促进全市生态、经济、环境和社会同步协调发展。

第二，打造旅游精品资源，旅游休闲深度融合。都江堰市从自身实际出发，结合本地特有的旅游资源和自然资源，打造了观光旅游、生态休闲旅游，城市旅游、运动旅游等一系列的旅游精品资源。一是观光旅游精品，包括了以自然生态与人文精神完美结合的经典巨作、当今世界唯一留存的最古老的、以无坝引水为特征的生态型水利工程——都江堰为核心的都江堰景区；以山林幽深、古道幽静、山花幽香、鸟鸣幽趣、亭阁幽雅、溪流幽清为特征的中国道教发祥地青城山景区；以自然环境独特，山峦重叠，林海幽深，集湖、石、林、瀑于一身，融奇、险、幽、雄为一体，春看杜鹃、夏避酷暑、秋观红叶、冬赏冰雪的龙池景区。二是生态休闲度假旅游精品。都江堰市充分利用独特的内陆山水田园风光、优良的植被、水和空气，突出生态特色和川西民居的优雅舒适风格，建立了以青城、两河、玉堂、向峨、龙池、虹口等为重点的一批生态旅游休闲度假区。三是城市旅游精品。都江堰市背靠千里岷山，前拥万顷平畴，既有河渠纵横的"水城神韵"，又有错落有致、高低起伏的"山城风采"，按照自然风光、历史文化、现代文化三者和谐统一、相得益彰的要求，精心组织城市建设，实施了城市总体风貌改造、绿色通道和节点建设工程，配套城市服务功能，增点留客，使之成为旅游经济发展新的增长点。四是运动休闲旅游精品。都江堰市以项目为载体，积极推进观光型旅游向度假型、运动型、体验型旅游转变，高起点策划、高质量推出了虹口漂流、龙池滑雪、青城高尔夫等旅游项目，增加了参与性、娱乐性旅游项目，丰富了旅游精品内容。目前，全市已形成了青城山、都江堰、龙溪—虹口自然生态保护区三大各具特色的著名景区，培育了以千年古堰无坝生态水利工程品牌、"青城天下幽"品牌、龙溪—虹口国家级自然生态保护区（国家级森林公园）品牌为代表的世界级旅游精品，都江堰市的旅游产业已成为城市经济的重要支柱产业和主导产业，初步形成了旅游与生态、人文环境等相互协调的市域经济发展模式。

第三，完善旅游基础设施，增强旅游接待能力。一是在交通服务方面，2019 年 1 月，成灌快铁实现公交化运营，成都—都江堰高峰时段发车间隔压缩至 10 分钟内，基本实现"随到随走"的公交化模式。目前，都江堰市正在加快实施都江堰至四姑娘山山地轨道交通、M-TR 旅游客运专线、通用航空机场等重点交通项目建设，并在快铁站和客运中心增设了医务室、母婴室、综合服务岗、旅游商品展示、旅游咨询投诉等，大力推进旅游标识标牌及导视系统设置，完成快铁站、重要景区（点）等 10 处全域全景图设置，打造出蒲虹路、彭青线、成青线、沙西线等一批旅游风景道。同时正以天府绿道为主轴，构建串联融合景区、城区、精华灌区、产业园区的旅游风景道、城市绿道、骑行专线等慢行系统。二是在旅游住宿方面。都江堰市自开展全域旅游示范区创建以来，持续深入实施"品质酒店培育行动"，积极引入四季、文华东方、悦榕庄等国际知名酒店进驻，推动洲际、凯悦、阿里拉、喜来登等高端酒店建设，鼓励

132 国家智库报告

发展主题酒店、文化酒店等特色酒店，培育碧屋、坐望、上山上等精品民宿。目前，都江堰市已建和在建的高端酒店床位数突破1万张，正在加速形成以高品质酒店为核心、多类住宿业态聚集的酒店产业集群。

第四，建设旅游产业功能区，促进三大产业融合发展。当前，都江堰市全力推进李冰文化创意旅游、都江堰精华灌区康养、四川青城山旅游装备"三大产业功能区"建设。李冰文化创意旅游产业功能区依托李冰文化、道文化、熊猫文化世界级IP，聚力发展以主题游乐、主题运动为主的文化旅游产业、以康养度假、医疗健康为主的康养旅游产业，打造天府青城国际旅游度假区。都江堰精华灌区康养产业功能区以绿色生态农业、灌区农耕文化、休闲康养为核心，发展农商文旅体融合产业，深度挖掘生态资源价值，积极探索生态价值转化的科学路径，承担率先打通"绿水青山"和"金山银山"转换通道的引领示范功能，打造农业生态价值转化示范区。青城山旅游装备产业功能区重点发展户外运动装备、旅游康养装备、低空飞行装备、旅游交通装备，打造国内领先的旅游装备制造产业集聚区。

都江堰市依托本地丰富的旅游资源，以三大精品旅游产业功能区为主导，打通了三大产业之间的链路，促进三大产业的进一步融合。李冰文化创意旅游产业功能区立足传承天府文化，重点发展文化旅游和康养旅游，带动了第三产业的快速发展。都江堰精华灌区康养产业功能区立足激活生态价值，重点发展灌区农耕文化体验、川西林盘康养、农商文旅体医融合产业，打造世界农耕文明体验之地，有效地带动了本地第一产业的升级和发展。青城山旅游装备产业功能区立足工旅融合，重点发展旅游装备制造和旅游休闲食品产业，带动了第二产业的结构调整和优化升级。

第五，加强旅游宣传，扩大世界知名度。在县域品牌的宣传营销方面，都江堰市树立了"更宽领域、更高层次、更多要素"的旅游发展观，深化合作交流，强化精准营销，全域旅游发展面向国际市场的朋友圈、影响力、知名度不断拓展。长期以来，都江堰市促进与长三角、珠三角等国内发达地区的跨区域旅游合作，加强与康定、汶川、九寨等川西精品旅游环线城市之间的区域合作，发起组建全国精品景区联盟，构建大旅游营销网络，实现"1+1>2"的营销效应。都江堰市还与德国包纳市、瑞士蒙泰市、奥地利维也纳希琴区等国外25个城市建立了国际友好关系，已在日本、芬兰等国建成海外都江堰推广站，构建以海外推广站为核心，国际友城、熊猫客居地城市、水利文化城市为纽带的国际营销网络，打造国际化旅游品牌。同时，都江堰以国际化主题活动会展为平台，积极融入熊猫文化"一带一路"国家行，在联合国世界旅游组织第22届全体大会期间举办专场推介会，深化与德国途易等国际知名旅行商合作，筹备举办世界旅游组织大会，成功加入世界历史都市联盟（LHC）、亚太城市旅游振兴机构（TPO）等国际组织。如今，优质的旅游环境、国际化的营销宣传，已经让都江堰市成为闻名国内外的国际精品旅游区。

第六，挖掘本地特色资源，打造特色旅游名片。在全域旅游示范区的创建过程中，都江堰市瞄准游客消费需求的变化趋势，深入挖掘"山、水、道、熊猫"世界级文化旅游资源内涵，以"5A+"的标准做精遗产观光旅游项目，大力创新和丰富旅游产品体系，充分挖掘本地的特色资源，形成了都江堰市一系列独具特色的旅游符号和标签。

青城山—都江堰5A级旅游景区不断提升文化内涵，荣获全国文明单位、"全国厕所革命最佳景区"、全国五一巾帼标兵岗等荣誉。安缇缦国际旅游度假区、蓝光水果侠主题世界等重大旅游项目相继落地并投入运营，大力推动全市乡镇向特色旅游小镇转型。安龙镇被评为"川派盆景艺术小镇"，柳镇街被评为"中国诗歌之乡"，龙池镇被评为"中国漂流小镇"。玫瑰花溪谷、虹口花谷、拾光山丘等休闲农业项目陆续建成，精华灌区、川西林盘等特色乡村旅游景区（点）建设有序推进，天府源田园综合体还获批全省首个国家田园综合体。都江堰市还引进青城养心谷、力宝医院等高端康养项目，由此获批全国首批"中医药健康旅游示范区"创建单位；举办"成都双遗国际马拉松""中印国际瑜伽节""都江堰放水节""西部音乐节"等体旅、文旅融合活动，有效地提升了品牌影响力；扶持壮大驼峰低空旅游项目，积极推进聚源航空旅游小镇建设，成为"全国通用航空旅游示范单位"。良好的旅游体验、众多的特色小镇、良好的自然环境、康养的首选之地、美丽的乡村旅游、开放的西部小镇，一个个特色鲜明的标签，无一不在吸引着五湖四海的游客。

第七，全域旅游为引领，建设生态公园城市。全域旅游示范区的创建已经让都江堰市的经济社会有了长足的发展，但创建工作只是抓手，并非终极目标。下一步，都江堰市还将继续以全域旅游的理念为引领，持续推动旅游产业和县域经济的不断发展。都江堰市推出了六大举措确保率先建成美丽宜居公园城市：构建青城锦绣、适旅宜游、田园生态的城市形态；构建生态管控、公园棋布、绿廊环绕的城市景观；构建资源节约、环境友好、绿色高效的产业体系；构建遗产保护、道韵流芳、文脉融城的文化底蕴；构建简约适度、绿色低碳、文明健康的生活方式；推进公园城市重大项目建设。

在国际化生态旅游城市建设方面，都江堰市以全域景区、全域旅游区的理念为指导，提出了产业空间布局重塑、全球顶级旅游IP打造、多元旅游场景培育、旅游开放合作、旅游服务品质提升等"五大计划"和20项具体行动，包括产业格局重塑、产业项目攻坚、全球IP打造、文化旅游场景培育、夜间旅游场景培育、乡村旅游场景培育、全球营销渠道拓展、国际化住宿体系构建、智慧旅游推进、旅游服务水平提升等内容。

3. 经验总结

第一，坚持低碳绿色发展，走可持续发展道路。建设绿色生态城市是可持续发展的客观要求。"可持续发展"作为一个全球性的发展战略，在当今世界已越来越受到政府的重视。各个城市在发展中应坚持环境、社会、经济三者的和谐统一，而不能采取耗竭资源、破坏生态、污染环境的方式来追求经济的发展。具体而言，可持续发展就是要使环境、经济、社会协调发展，资源得到有效使用，城乡发展有序推进。走可持续发展之路，建设经济与环境协调发展的城市具有十分重要的意义，因此，各城市发展要坚持生态优先、绿色发展，深入推进产业、城市、生态、社会"四大转型"，优化城市规划布局、着力拓展绿色发展空间，深入推进产业结构调整、着力夯实绿色发展根基，全面提升城市功能品质、着力筑牢绿色发展载体，持续加强生态环境治理、着力打造绿色发展样板，初步走出一条具有自身特点的城市绿色发展之路。为城市的长远发展打下坚实的基础。

第二，完善旅游配套设施，保证游客旅游体验。旅游基础设施的完备程度是发展旅游业的前提，将直接影响到游客的旅游体验，因此，要实现旅游资源效益最大化和长久化，就必须在旅游基础设施上狠下工夫。要按照优化生产力和人口布局的要求，结合本地发展旅游网络的需要，加强对旅游基础设施的统筹规划和建设；从交通、服务、住宿、出行、饮食等各方面进行发力，加快城乡旅游产业一体化的基础设施建设；重点加强对通往各特色旅游乡镇和旅游景区景点的干线公路、乡村道路的建设，形成干支相连、区域成网、城乡通达的公路交通网络；加强城乡旅游产业一体化的公共服务设施建设，将有限的资金投向旅游垃圾污水处理设施、供水供电设施，以及景区厕所、停车场、游客中心等配套基础设施建设、自然环境和文化遗产保护设施的建设上。通过建设由城市高档星级饭店、乡镇特色旅游宾馆和农户家庭旅馆等构成的多层面的城乡旅游接待体系，都江堰市从衣食住行等各方面保证整个旅游产业能够合理正常的运行，为旅游业的持续稳定健康发展提供基础保障。

第三，多渠道方式相结合，宣传城市品牌形象。城市形象集中了人们对于城市的价值想象，包含了人们的生活习俗和城市的特点特色，实际上就是城市品牌的感性形式，承载着一个城市的梦和想象。要让这种形象传播到其他地区，成为人们对于这个城市的形象共识，就需要运用多种渠道对城市形象进行宣传。近年来，舆论环境、媒体格局、传播方式发生了深刻的变化，互联网、微博、微信、大数据、云计算、无人机、VR、无人驾驶等技术手段突飞猛进，信息传播日益呈现移动化、智能化、个性化和数据化，媒体的传播格局和人们的日常生活状态都在发生改变。城市形象也需要逐步通过多媒介传播，实现传播渠道的创新。

各地在城市形象宣传中要充分把握感性认识、进行理性选择，并结合本地独特而有吸引力的元素进行重点宣传，让人们形成对这个城市的特有印象，进而固化成为人们心中独特的城市品牌。在传播过程中，城市管理者要积极推动城市形象塑造与新媒体的融合，充分利用门户网站、电子邮件、微博、微信等传播载体，展示城市的风景名胜、风土人情，传播城市的历史文化，呈现城市良好的投资环境和美好发展前景。

第四，以"旅游＋"为引领，推动产业融合发展。旅游是一股强大的发展动能，旅游发展可以引入"外来消费"，形成消费经济链，带动相关产业聚集，进而为各行业发展赋予新的动能。具体来说，旅游是拓展发展空间的新动能，各行业可以借助发展旅游，产生新的业态，拓展发展空间，实现做大做强；旅游是调整产业结构的新动能，各行业可以借助发展旅游，调整单一的产业结构，形成一二三产业融合发展的产业格局，进而优化产业发展结构；旅游是高质量发展的新动能，各行业可以借助发展旅游，提升发展质量，改进服务水平，进而实现转型升级。

当前，经济形势发生着深刻变化，产业之间的渗透融合日益活跃，成为产业结构优化和社会生产力进步的重要趋势。各个城市要更加充分地认识旅游的属性、功能和作用，积极推进与旅游融合发展，切实提升产业融合的广度和深度，进而推动形成多形式、多元化、多渠道、多层次的产业融合发展新格局。以"旅游＋农业"重点发展休闲农业和乡村旅游；以"旅游＋工业"重点发展旅游装备制造和旅游休闲食品；以"旅游＋服务业"重点发展"吃、住、行、游、购、娱"等各相关行业，促进一二三产业的融合发展。

第五，挖掘旅游资源内涵，打造独特城市品牌。城市品牌形象是城市内部诸要素经过长期综合发展，给人形成的一种潜在的和直观的反应和评价，彰显了每个城市历史内涵与文化底蕴，也体现着城市未来的追求和发展方向。城市品牌形象代表着城市的身份和个性，它反映着城市的自然地理形态、历史文化的"文脉延伸"、产业结构特点、城市功能和整体视觉的特色。一个城市只有拥有清晰的定位、独特的形象，才能在城市竞争中永立潮头，持续发展，因此城市发展必须重视品牌形象的建设。

首先，城市品牌建设要注重系统性。"系统性"是指城市品牌创建要有规划、系统化地进行，城市品牌创建主要包括城市品牌调研、城市品牌定位、城市品牌传播等一系列步骤，这些步骤要在专业人员的指导下由专业部门来开展。其次，城市品牌定位要明确。城市品牌定位是城市品牌塑造的核心，旨在依据城市现有资源，确立其自身在城市顾客心中的个性与特色，并将其核心价值进行提炼，使其有别于其他城市。这就要求城市要明确自身"与众不同"之处，找到独一无二的定位，并且要保持持续性，明确而稳定的城市品牌定位是城市品牌成功的基石。最后，城市品牌传播要确保整合性。城市品牌创建重在提升知名度与美誉度，可以通过媒体进行传播，也可以借助各种节日、大型活动、会议、展览、公关等方式进行宣传。

附录 2021 年 100 强县域的县域品牌影响力指数得分

表 1 2021 年 100 强县域的县域品牌影响力指数及其分项指标

县域	BIIC	文旅品牌	创新品牌	宜居品牌	品牌传播
昆山市	0.723	0.703	0.724	0.651	0.837
安吉县	0.695	0.780	0.495	0.746	0.827
义乌市	0.669	0.687	0.591	0.657	0.776
嘉善县	0.632	0.736	0.507	0.632	0.690
常熟市	0.612	0.628	0.574	0.540	0.738
江阴市	0.609	0.590	0.552	0.595	0.736
张家港市	0.607	0.546	0.601	0.602	0.700
德清县	0.603	0.585	0.493	0.670	0.707
海宁市	0.602	0.681	0.459	0.591	0.731
桐乡市	0.602	0.670	0.464	0.627	0.692
诸暨市	0.601	0.593	0.466	0.670	0.729
晋江市	0.594	0.651	0.468	0.545	0.771
海安市	0.593	0.677	0.524	0.444	0.779
长兴县	0.589	0.588	0.496	0.615	0.696
慈溪市	0.587	0.636	0.510	0.512	0.738
长沙县	0.586	0.590	0.414	0.594	0.829
玉环市	0.585	0.671	0.439	0.573	0.712
东阳市	0.579	0.635	0.442	0.575	0.716
宜兴市	0.574	0.672	0.490	0.488	0.686

140 国家智库报告

续表

县域	BIIC	文旅品牌	创新品牌	宜居品牌	品牌传播
乐清市	0.571	0.623	0.425	0.603	0.685
余姚市	0.567	0.618	0.449	0.529	0.729
宁海县	0.566	0.643	0.415	0.624	0.625
太仓市	0.562	0.543	0.527	0.540	0.667
平湖市	0.559	0.598	0.449	0.579	0.651
荣成市	0.558	0.682	0.423	0.518	0.658
桐庐县	0.553	0.665	0.372	0.569	0.666
温岭市	0.552	0.559	0.435	0.580	0.681
建德市	0.548	0.600	0.411	0.555	0.680
瑞安市	0.546	0.562	0.450	0.532	0.688
都江堰市	0.544	0.720	0.371	0.462	0.684
浏阳市	0.543	0.553	0.400	0.538	0.752
溧阳市	0.542	0.612	0.422	0.540	0.636
淳安县	0.540	0.637	0.374	0.518	0.693
海盐县	0.539	0.572	0.416	0.547	0.674
临海市	0.530	0.541	0.400	0.572	0.658
江山市	0.528	0.626	0.374	0.518	0.648
宁乡市	0.522	0.626	0.385	0.483	0.649
永嘉县	0.521	0.566	0.391	0.505	0.679
永康市	0.521	0.541	0.430	0.520	0.635
胶州市	0.519	0.534	0.424	0.483	0.686
丰县	0.516	0.400	0.523	0.470	0.707
寿光市	0.512	0.530	0.427	0.472	0.667
苍南县	0.511	0.570	0.386	0.486	0.657
新昌县	0.508	0.541	0.402	0.536	0.593
正定县	0.508	0.573	0.395	0.467	0.648
曹县	0.508	0.623	0.347	0.353	0.801
福清市	0.505	0.498	0.396	0.506	0.678

中国县域品牌影响力报告（2021）：推动共同富裕 141

续表

县域	BIIC	文旅品牌	创新品牌	宜居品牌	品牌传播
曲阜市	0.504	0.704	0.322	0.428	0.622
青州市	0.504	0.650	0.404	0.368	0.639
句容市	0.500	0.490	0.397	0.529	0.631
南昌县	0.497	0.529	0.383	0.447	0.691
沛县	0.497	0.480	0.367	0.503	0.706
平阳县	0.496	0.559	0.355	0.489	0.638
如皋市	0.493	0.461	0.441	0.460	0.653
伊金霍洛旗	0.492	0.527	0.368	0.526	0.592
嵊州市	0.490	0.468	0.411	0.558	0.553
滕州市	0.488	0.517	0.397	0.433	0.658
泰兴市	0.488	0.423	0.438	0.492	0.638
莒县	0.488	0.560	0.347	0.434	0.677
象山县	0.486	0.567	0.369	0.459	0.596
恩施市	0.484	0.604	0.302	0.465	0.629
浦江县	0.483	0.529	0.355	0.492	0.604
三河市	0.482	0.437	0.428	0.504	0.595
大理市	0.482	0.641	0.322	0.367	0.668
安溪县	0.477	0.501	0.369	0.467	0.620
南安市	0.476	0.496	0.379	0.426	0.659
莱西市	0.476	0.495	0.408	0.422	0.620
东台市	0.475	0.473	0.383	0.454	0.644
上杭县	0.475	0.525	0.357	0.466	0.603
石狮市	0.474	0.494	0.379	0.441	0.635
青田县	0.473	0.517	0.369	0.466	0.582
单县	0.472	0.543	0.327	0.413	0.674
神木市	0.471	0.492	0.352	0.445	0.656
兴义市	0.470	0.532	0.302	0.460	0.659
缙云县	0.470	0.587	0.342	0.437	0.554

142 国家智库报告

续表

县域	BIIC	文旅品牌	创新品牌	宜居品牌	品牌传播
天台县	0.468	0.532	0.332	0.471	0.585
武安市	0.465	0.540	0.340	0.465	0.557
沂南县	0.462	0.577	0.327	0.383	0.622
邹平市	0.462	0.514	0.354	0.379	0.663
凤阳县	0.461	0.498	0.341	0.420	0.646
崇州市	0.461	0.547	0.336	0.429	0.580
兰溪市	0.461	0.493	0.335	0.506	0.552
应城市	0.460	0.509	0.342	0.390	0.665
沭阳县	0.459	0.407	0.404	0.466	0.599
兰陵县	0.459	0.547	0.324	0.359	0.675
平度市	0.458	0.486	0.388	0.372	0.636
丹阳市	0.457	0.415	0.405	0.455	0.591
诸城市	0.456	0.461	0.366	0.500	0.530
邳州市	0.456	0.412	0.386	0.525	0.529
兴化市	0.455	0.521	0.352	0.370	0.636
天门市	0.455	0.442	0.363	0.443	0.625
巢湖市	0.455	0.469	0.341	0.428	0.640
龙游县	0.454	0.479	0.336	0.461	0.593
启东市	0.454	0.419	0.364	0.448	0.641
邹城市	0.454	0.482	0.340	0.468	0.574
闽侯县	0.454	0.455	0.365	0.482	0.551
肥城市	0.453	0.455	0.334	0.479	0.597
无为市	0.453	0.460	0.329	0.414	0.681
固安县	0.453	0.458	0.362	0.428	0.613
肥西县	0.450	0.526	0.383	0.343	0.588

注：指数得分仅为笔者的一家之言，而非官方评价，仅供读者参考。

资料来源：笔者自制。

参考文献

陈永光，2021，《加快建设新时代"浙江美丽南大门" 全力打造共同富裕示范区县域样板》，《政策瞭望》第 8 期。

谌飞龙等，2021，《多产地农业企业使用地理标志品牌的意愿性研究：原产地资源禀赋视角》，《经济地理》第 2 期。

崔光野、蔡宏友，2020，《县域经济和下沉市场的若干共识》，《商业经济研究》第 4 期。

顾雅青，2021，《打造区域公用品牌 探索共同富裕路径》，《中国社会科学报》12 月 2 日第 8 版。

郭倩，2021，《促流通树品牌 抖音助力县域经济创新发展》，《经济参考报》5 月 27 日第 5 版。

何清，2016，《我国地理标志品牌文化内涵探讨》，《商业经济研究》第 23 期。

江丽，2016，《河南省县域特色农业发展的对策研究》，《农业经济》第 11 期。

瞿康洁、陆建飞，2021，《吉林大米品牌创建及政府行为研究》，《中国稻米》第 6 期。

柯仲甲，2019，《县域经济怎样讲好品牌故事》，《人民日报》12 月 20 日第 16 版。

兰勇、张婕妤，2019，《农产品区域公用品牌研究回顾与展望》，《农业经济》第 9 期。

李燕、张新美，2019，《脱贫视角下广西特色小镇建设与县域特色产业发展》，《商业经济研究》第 10 期。

刘力钢、陈金，2019，《大数据时代边境地区县域全域旅游目的地品牌形象提升策略》，《企业经济》第 10 期。

刘灵，2017，《试论激活品牌的"原产地"基因》，《现代传播》第 1 期。

汪晓东、李翔、王洲，2021，《关系我国发展全局的一场深刻变革》，《人民日报》12 月 8 日第 1 版。

王晓涛，2021，《聚焦山区县域数字经济　助推共同富裕发展》，《中国经济导报》10 月 12 日第 5 版。

王兴元、朱强，2017，《原产地品牌塑造及治理博弈模型分析——公共品牌效应视角》，《经济管理》第 8 期。

王滢、张瑞东，2017，《县域电商促进传统产业集群升级的演进路径研究》，《科技管理研究》第 20 期。

魏董华，2021，《德清：努力探索共同富裕的"县域路径"》，《新华每日电讯》6 月 22 日第 10 版。

习近平，2021，《论把握新发展阶段、贯彻新发展理念、构建新发展格局》，中央文献出版社。

徐清子，2021，《让县域盛开"品牌"花》，《中国县域经济报》5 月 17 日第 1 版。

杨肖丽、薄乐、牟恩东，2020，《农产品区域公共品牌培育：运行机制与实现路径》，《农业经济》第 1 期。

余淼杰、曹健，2021，《新发展格局中的共同富裕》，《新疆师范大学学报》（哲学社会科学版）第 1 期。

袁保瑚、李继伟，2021，《新发展格局下山东省县域经济高质量发展路径研究》，《山东社会科学》第 8 期。

张娜、杨益波、任建华，2021，《汇智谋共富　聚力促先行》，《中国经济时报》10 月 25 日第 2 版。

张旭、魏福丽、袁旭梅，2021，《县域科技创新与经济高质量发展耦合协调评价》，《统计与决策》第 20 期。

张正河，2021，《讲好品牌故事，铸造县域特色农业品牌》，《人民论坛》第 S1 期。

郑宝华、晏铃，2021，《以农业地标品牌建设推动高原特色现代农业快速发展》，《云南社会科学》第 3 期。

支绍岭、赵宪军、袁绍辉，2015，《品牌农业对县域经济发展的驱动研究——以河北省为例》，《商业经济研究》第 34 期。

朱李鸣，2021，《共同富裕示范区建设的县域探索》，《中国社会科学报》11 月 10 日第 6 版。

祝箫、但唐文，2019，《丹巴"网红村"成名记：新媒体搭台全域旅游唱戏》，《成都日报》10 月 13 日第 4 版。

George，A.，"Place Branding：New Tools for Economic Development"，*Design Management Review*，Vol. 18，No. 2. 2007.

Hankinson，G.，"Place Branding Research：A Cross-Disciplinary Agenda and the Views of Practitioners"，*Place Branding and Public Diplomacy*，Vol. 6，No. 4. 2010.

后　　记

　　本书是课题组第一部也是国内首部县域品牌影响力专题研究报告。按照课题组提出的县域品牌影响力指数概念及指数模型，本书选取中国 400 个样本县域进行了县域品牌影响力的评估与测量。在此基础上，形成 2021 年的县域品牌影响力指数总报告、县域文旅品牌影响力指数报告、县域创新品牌影响力指数报告、县域宜居品牌影响力指数报告、县域品牌传播影响力指数报告。同时，本书对中国县域品牌的发展态势进行了回顾和展望，探讨了县域品牌化对推动共同富裕的关键路径以及面临的问题和挑战。此外，本书还结合昆山、义乌、乐清、曹县、都江堰等县域品牌化案例进行了研究和分析。基于数据分析、发展考察及案例研究，该书从多个角度对中国县域品牌建设与发展提出对策建议，以期为中国县域品牌化实践提供有价值的理论指导与经验参考。

　　在本研究中，课题组得到来自领导、同仁的大力支持。感谢中国社会科学院财经战略研究院院长何德旭研究员，他对本书的研究提供了宝贵的支持和指导。感谢中国社会科学院城市与竞争力研究中心主任倪鹏飞研究员对本研究给予的数据支持和方法指导。感谢中国人民大学中国市场营销研究中心主任郭国庆教授对本研究的关心和指导。中国社会科学院大学硕士研究生李贵阳、张相宜、张莹同学，山东大学管理学院旅游管理专业硕士研究生李洁、路丽君同学，浙江大学传媒与国际文化学院硕士研究生沈凡佳、倪子晰同学，北京林业大学管理学院的常皓媛、孙芊玥同学，美国韦尔斯利学院经济与公共政策双专业的常宜禾同学（Yihe Chang, Double Major in Economics and Political Science, Wellesley College），以及首都科技发展战略研究院研究员刘杨、高海洋，他们在本研究的数据收集、整理分析以及执笔撰写等方面，提供了大力支持，付出了艰辛努力。中国社会科学出版社副总编辑王茵、中国社会科学出版社智库成果出版中心主持工作副主任喻苗、责任编辑周佳为本书的出版提供了大量宝贵的支持，在此表达衷心的感谢！

本书是集体研究和集体努力的成果。其中各部分的执笔者如下：第一部分"2021 年中国县域品牌影响力述评"，执笔人刘彦平、吕风勇、张巍巍、李贵阳、张相宜、常皓媛、孙芊玥；第二部分"县域文旅品牌影响力指数报告（2021）"，执笔人许峰、路丽君、李洁；第三部分"县域创新品牌影响力指数报告（2021）"，执笔人刘杨、高海洋；第四部分"县域宜居品牌影响力指数报告（2021）"，执笔人常宜禾、刘彦平；第五部分"县域品牌传播影响力指数报告（2021）"，执笔人何春晖、沈凡佳、倪子晰；第六部分"典型案例分析"，执笔人李贵阳、张相宜、张莹。本书框架由主编、副主编共同商定，主编完成统稿。由于研究者学识局限，研究可能存在很多不足和谬误，诚望读者给予批评和指正！

刘彦平，中国社会科学院财经战略研究院城市与房地产经济研究室主任，城市与竞争力研究中心副主任，研究员。主要致力于城市营销、城市品牌、旅游管理及城市治理等方面的研究。兼任中国人民大学中国市场营销研究中心副主任、中国城市发展研究会特邀理事等。出版专著《城市营销战略》《粤港澳大湾区影响力报告：基于四大湾区比较的视角》，主编《中国城市营销发展报告》《宜居中国指数报告》《四大湾区影响力报告》等系列报告。主持多项国家级科研课题，以及澳门、成都、辽宁、扬州、广州、西安等10余项地方政府委托课题，发表学术论文60余篇。

吕风勇，现就职于中国社会科学院财经战略研究院，经济学博士。主要研究领域为宏观经济理论与政策、城市与房地产经济。参与国家社科基金项目、中国社会科学院等委托课题30余项，主编了《中国县域经济发展报告》《中国宏观经济运行报告》，参与《全球城市竞争力报告》《住房绿皮书报告》等年度报告的编著工作，并在《人民日报》《经济日报》《经济参考报》等报刊上发表了多篇理论和学术文章。